WESTEND

KATRIN WILKENS

MUTTER SCHAFFT!

Es ist nicht das Kind, das nervt,
es ist der **Job**, der fehlt

WESTEND

Mehr über unsere Autoren und Bücher:
www.westendverlag.de

Die Deutsche Nationalbibliothek verzeichnet diese Publikation in
der Deutschen Nationalbibliografie; detaillierte bibliografische Daten
sind im Internet über http://dnb.d-nb.de abrufbar.

Das Werk einschließlich aller seiner Teile ist urheberrechtlich geschützt.
Jede Verwertung ist ohne Zustimmung des Verlags unzulässig. Das gilt
insbesondere für Vervielfältigungen, Übersetzungen, Mikroverfilmungen
und die Einspeicherung und Verarbeitung in elektronischen Systemen.

ISBN 978-3-86489-246-2
© Westend Verlag GmbH, Frankfurt/Main 2019
Umschlaggestaltung: Jasmin Zitter, ZitterCraft, Mannheim
Satz: Publikations Atelier, Dreieich
Druck und Bindung: CPI – Clausen & Bosse, Leck
Printed in Germany

INHALT

Warum mache ich das bloß? 7

Das böse F-Wort 14

Fünf Frauen auf der Suche 30

Job-Profiling für ein besseres Leben 141

Mütter, wehrt euch! 203

Literatur und Filme 215

Danksagung 219

Anmerkungen 221

WARUM MACHE ICH DAS BLOSS?

Es ist diese Scheißsache mit dem Genügen.

Genau 24 Stunden, bevor ich dieses Buch zu schreiben beginne, sitze ich mit netten Nachbarn beim Grillabend. Sieben Erwachsene, acht Kinder, zwei Hunde. Rama-Idyll. Mir geht der Arsch auf Grundeis. Morgen werde ich für vier Wochen meine Familie verlassen, um mich einzuigeln. Ich weiß nicht, ob ich es schaffe, ich weiß nicht, ob irgendjemanden interessiert, was ich schreibe, ich weiß nicht, ob in der Zwischenzeit meine Tochter vor Mutterheimweh wimmert.

»Was würde euch an einem Buch über beruflichen Wiedereinstieg bei Frauen *gar nicht* interessieren?«, frage ich, in der falschen Hoffnung, schnell noch die kapitalsten Autorenfehler zu erfragen, zu vermeiden. Zu genügen. Die Frauen der Runde antworten prompt.

Line, Elternsprecherin, freiberuflich, vegetarisch, Typ Netzwerkerin, die man nachts um drei anrufen könnte, um die eigenen Kinder vorbeizubringen, sagt: »Wenn ich lesen würde, dass ich zu wenig arbeite.«

Katharina, sozial, politisch, tolerant und unaufdringlich edel: »Wenn ich mich in den Beispielen nicht wiederfinden würde.«

Die Männer trinken Bier und schnappen sich den politisch korrekten Grillkäse. »Reichst du mir mal den Salat, bitte?«

»Hey, sagt mal, was euch an dem Buch überhaupt nicht interessieren würde?!« Ausrufe-Rhetorik. Die, die man als Mutter tausendmal am Tag einsetzt: »Räum bitte den Tisch mit ab! Einer muss noch mit dem Hund raus! Geh verdammt noch mal ohne Socken ins Bett!« Wenn man diesen Tonfall einmal hat, switcht man bisweilen zu schnell – Riesenfehler am Freitagabend: Die Männer wollen chillen, nicht denken.

»Weißt du, Katrin, was mich an deinem Buch interessiert?«, setzt schließlich Seth, Typ Prenzlauer-Berg-Kreativer, von Beruf Neurosenbändiger und Budgetverwalter. Seth ist ein Amalgam aus Kreativität und Pragmatismus. Wenn einer was zur Machbarkeit von Ideen sagen kann, dann er. Er nimmt noch ein Stück Grillkäse. »Nichts. Mich interessiert an dem Buch nichts.«

Mirko ergänzt: »Mich würde abturnen, wenn du vom Feminismus redest und das Ganze zu streng aufschreibst. Mach es mehr locker, verstehste?«

Und so sieht die Bestandsaufnahme aus: Wenn man über die Vereinbarkeit von Familie und Beruf schreibt, dann muss man ein veganes Schwein grillen: Man darf auf keinen Fall feministisch schreiben, das wirkt dann so baschamikaesk, aliceschwarzerhaft, lauriepennymäßig. Es soll witzig sein, obwohl eigentlich in der Tatsache, dass Frauen immer noch nur halb so viel Rente bekommen wie Männer, nicht viel Witz steckt, jedenfalls nicht für uns Frauen. Es soll fundiert sein, mit viel wissenschaftlichem Bezug, sonst sind es nur Behauptungen, aber es darf nicht zu fußnotenlastig sein, sonst ist es Hirnfick. Es muss Zahlen bringen, sonst kann man darüber nicht diskutieren, es darf aber nicht zahlenlastig sein, sonst will niemand darüber diskutieren. Es soll viele Beispiele bringen, sonst ist es zu trocken, aber es dürfen keine Einzelfälle sein, sonst sind das nur Ausnahmen. Es soll eine Debatte anstoßen, aber es darf nicht aggressiv formuliert sein. Es muss journalistisch und wissenschaftlich zugleich sein, obwohl das kaum geht. Facebook-kompatibel und Hardcover, schnell- und langlebig. Unterhaltung und Politik. Ein Anliegen, das niemanden verprellt, aber etwas bewirkt. Es muss direkt in der Ansprache sein, sonst ist es zu verkopft, aber es darf nicht vulgär formuliert sein, denn das verschreckt oder biedert an. Es muss aus der Position einer glücklichen, zufriedenen Autorin geschrieben sein, denn Larmoyanz will keiner kaufen, es muss aber auch biografisch anrührend formuliert sein, denn ohne Ich-bin-eine-von-euch-Empathie wirkt es arrogant, will das niemand lesen. Es muss für Frauen geschrieben sein, bloß nicht verbittert, sondern eher so lustig, wie Barbara Schöneberger es schreiben würde, also humorvolle Selbstgeißelung, und es muss für Männer geschrieben sein, denn schließlich ist das doch kein reines Frauenthema, sondern betrifft die ganze Familie. Es muss also mit den Männern flirten und mit den Frauen solidarisch sein. Es muss wahrhaftig sein und geschmeidig. Es muss auf die Kinder Rücksicht nehmen, denn die sind schließlich das Wichtigste, oder auf die Frauen, auf die Männer, auf Gott und die Welt und den Fisch und die Gräte. Es muss ein hundertprozentig perfektes Buch für weibliches Nichtgenügen werden.

Die Gartentür geht auf, und Familie Wiedemann schaut vorbei, im Gepäck Vollkornpizzaschnecken und ein verwöhntes Kind. Die Mutter *tuppert aus*, und der Vater setzt sich mit einem tiefen Seufzer neben mich. Ich kenne ihn, er spielt mit seinem Siebenjährigen immer Fußball, übernachtet im selbstgebauten Baumhaus und ist ein Vorzeigepapa. Bekäme er für seine Vaterschaft Fleißkärtchen – er hätte die Sammlung komplett. Dazu ist er noch ein Hobbysammler: Er spielt Cello, Skat und Schultheater, er liest, kocht, malt und singt. Ginge ein obdachloses Hobby an ihm vorbei, er läse es auf und nähme es mit. Ich konnte früher über meinen Vater nur »Patience legen und kegeln« sagen, wenn man mich fragte, was er gern tat. Dass er feste Verabredungen jede Woche gehabt hätte – das war damals nicht üblich.

»Warum schreibst du denn das Buch?«, fragt der Hobby-Hobbyist, wirklich freundlich, ohne Häme und interessiert, zumindest strategisch interessiert. Er weiß, dass seine Frau auf die Nachbarschaftshilfe angewiesen ist, da will er es sich nicht grundlos verscherzen. »Weil ich es ungerecht finde, dass Frauen immer noch weniger Geld verdienen als Männer«, setze ich an. Bei meinem Mann löst das den sofortigen Ich-geh-mal-eine-rauchen-Reflex aus. Er weiß, dass es jetzt länger dauert, und er weiß vor allem, dass es noch länger dauert, wenn man mir widerspricht.

»Aber es ist doch ganz logisch, dass Männer mehr Geld verdienen müssen.« Ehrliche Ratlosigkeit im Gesicht meines Gegenübers: »Männer müssen doch auch die ganze Familie ernähren.« Den letzten Satz hört mein Mann und setzt sich schnell wieder hin. Jetzt wird es gleich krachen, und er ist nicht schuld. Er wartet auf *Ein Kessel Buntes* und die Replik seiner Frau.

Ich bin noch beim Sortieren. Ist das die Post-Harald-Schmidt-Ironie, das Gegenteil dessen zu behaupten, was politisch korrekt ist und dabei subversiv lachen? Sprenge ich die Freitagabendstimmung, wenn ich jetzt inhaltlich werde? Fliegen wir aus dem netten Grillzirkel, werden meine Kinder nicht mehr zum Übernachten eingeladen, wird mein Mann still bemitleidet, nur weil ich relevant werde? 100 Prozent perfekte Fragen für weibliches Nichtgenügen.

»Findest du es gerecht, dass wir Frauen nur die Hälfte der Rente bekommen, die ihr Männer bekommt?« Die Antwort kommt prompt und jovial-gönnerhaft. »Du kennst dich ja nicht so mit Statistik aus wie ich, Frauen werden ja auch viel älter als Männer, da ist es doch logisch, dass sie von der Altersarmut mehr betroffen sind.«[1]

Neun Erwachsene hören dieses Argument – neun Abiturienten, Akademiker, zum Teil Promovierte. Und schlagartig weiß ich, warum ich dieses Buch schreiben muss. Es liegt nicht an der kruden Anno-dunnemals-Argumentation des Cellisten. Es gibt auch Leute, die die Vernunftehe befürworten, und mitunter sind es ganz und gar reizende Zeitgenossen.

Es geht um die neun Erwachsenen, vier Männer, fünf Frauen, davon vier Mütter. Alle hatten mit dem beruflichen Wiedereinstieg nach der Babypause zu kämpfen. Alle wollten es besser machen als damals ihre Mütter, zumindest anders – obwohl ich gestehen muss, dass meine Mutter schon eine ziemlich geniale Mischung aus Beruf und Mutterschaft hingelegt hat: Sie war Architektin und hatte ihr »Studio« einfach in unser Haus integriert.

Die Elternsprecherin, die ihre Mutter aus lauter Selbstständigkeit kaum zu Gesicht bekam und heute für ihre Kinder auch einfach nur mal zwei Stunden Mutter sein will.

Die Politischgeprägte, die ihren Mann entlastet, soweit es geht, damit er auch eine Beziehung zu seinen Kindern aufbauen kann.

Die Tuppermutter mit ihrem Einzelkind, die es anders als ihre strenge Mutter machen will und deshalb ihr Kind lobt und unterstützt und »sieht« – und dabei gar nicht mehr bemerkt, dass sie sich selbst immer mehr auflöst, bis sie irgendwann nur noch Kindeswunsch ist.

Und ich, die ich meiner Tochter und meinen zwei Söhnen auch ein immaterielles Erbe mitgeben will: dass Arbeit Identität bedeutet, Sinn, Antidepressivum, Struktur, Spaß, Gemeinschaft, Geld, ja, auch Geld, Lernen, Abwechslung, Leidenschaft und Vernunft.

Wir alle wollen Familie und Beruf bestmöglich vereinen, denn darin sind wir uns einig: Der Sinn unserer Tage besteht nicht im Thermomixen, auch nicht im Detoxen oder im Twittern. Denn Frauen sind emanzipiert, wir Mütter sind es leider (noch) nicht immer.

»Findest du nicht, dass die wirklichen Verlierer die Kinder sind?«, unterbricht mich der Vorzeigepapa mit den hundert Hobbys, wahrscheinlich tritt er nächste Woche in einen Debattierklub ein.

»Nein, es ist längst wissenschaftlich erwiesen, dass sich Kinder, um die sich ausschließlich die Mutter gekümmert hat, nicht anders entwickeln als diejenigen, um die sich andere Personen gekümmert haben.[2] Es ist längst erwiesen, dass sich heute berufstätige Mütter mit ihren Kindern so lange beschäftigen wie nichtberufstätige Mütter in den siebziger Jahren. Es ist längst erwiesen, dass sich zwei berufstätige Elternteile sogar vorteilhaft auf die Entwicklung von Mädchen auswirken.«[3]

»Noch Grillkäse?«

Ja, ich weiß, die Stimmung kippt. Aber mich ärgert diese Argumentation ungemein, die keine ist, aber von allen so hingenommen wird. Warum sagt niemand, dass sich Väter am glücklichsten fühlen, wenn sie 50 Stunden pro Woche arbeiten? Warum sagt niemand, dass es sie nachweislich unzufrieden macht, wenn sie sich um die Kinder kümmern?[4] Warum lobt man Väter, wenn sie mit ihren Kindern angeln gehen, aber nicht die Mütter, wenn sie Pfannkuchenrezepte ausprobieren? Warum darf man auf diese Missstände nicht hinweisen, ohne dass es mit einem Sympathieverlust einhergehen muss? Das finde ich in #MeToo-Zeiten den viel stärker zu geißelnden Sexismus und nicht die Frage, ob in Hollywood, weitab von unserer Lebensrealität, die Frauen solidarisch schwarze Kleidung zur Oscarverleihung tragen.

Der Mann sieht mich lange an. Ich habe, wenn ich mich anstrenge, Mitleid. Er begibt sich in ein Feld, das er nicht beackern kann – vielleicht aus Gründen der sportiven Kräfterangelei oder aus der kulturellen Verpflichtung heraus, für Unterhaltung sorgen zu müssen. Ich habe aber auch Mitleid mit mir: weil meine Argumente nicht zählen, weil ich überhaupt, um diese Diskussion gewinnen zu können, lässig, ironisch, selbstmarternd smalltalken müsste, was ich nicht kann.

»Sag mal, mag dein Mann dich überhaupt noch so?«

Am nächsten Tag bringt mich meine Tochter zur Bahn. »Mama, warum musst du das Buch schreiben?«, fragt sie. »Weil Grillkäse eigentlich eklig ist«, antworte ich, »weil ich etwas sagen will, von dem ich glaube, dass es wichtig ist. Weil du genügst, so wie du bist. Und weil Papa mich immer noch mag.«

DAS BÖSE F-WORT

Feminismus, Gender-Mainstreaming, Pussy-Hut-Träger. Es ist egal, wie man das Kind nennt. Wenn man sich mit der Identität von Frauen beschäftigen will, kommt man nicht umhin, sich auch mit Feminismus zu beschäftigen – obwohl kaum ein Begriff einen derartigen Hautgout[1] aufweist wie Feminismus. Hautgout-Worte nennt man in der Psychologie auch Trigger, weil sie neben ihrer eigentlichen Bedeutung noch weitere Assoziationen transportieren. »Feminismus«, das assoziieren viele fast automatisiert mit »lila Latzhose«, »lesbisch« und »männerhassend«.[2]

»Frauenrechteliebend« denkt niemand, und dabei war genau dies immer das größte Ziel der Feministinnen. Vor 150 Jahren wurde erstmals begonnen, für weibliche Rechte einzutreten. Erst ging es um Teilhabe am Wissen, dann um das Wahlrecht, schließlich um das Recht auf Abtreibung. Und heute kämpft der Feminismus hauptsächlich gegen Sexismus. Rentengleichheit, Gender-Gap und Wiedereinstiegschancen sind hingegen höchstens Randthemen. Überhaupt: Rente, auch so ein Trigger-Begriff. Da könnte man auch gleich Kukident sagen oder präfinal.

Es ist aber so ein bisschen wie mit der These des Kommunikationspsychologen Paul Watzlawick: Man kann nicht nicht kommunizieren. Oder um mit der Mode zu sprechen: Man kann sich nicht kleiden, ohne nicht etwas über sich auszusagen. Man kann keine Kunst betreiben, ohne sich dabei miteinzubringen.

Man kann keine Kinder erziehen, ohne die eigene Kindheit im Blick zu haben, selbst wenn man komplementär erziehen würde. Und als Frau kann man sich nicht freimachen vom Feminismus. Selbst wenn ich mich abgrenze, definiere ich mich über die Abgrenzung zur Feministin. Unsere Werte haben so viel mehr mit soziologischen als individuellen Parametern zu tun, dass wir eigentlich fremdgesteuerte Wesen sind. Wir wollen es zum Glück nur nicht so wahrhaben.

Von der Befreiung der Frau

Der Feminismus hat sich, grob gesagt, in drei Epochen entwickelt. Diese Entwicklung ein wenig zu kennen, hilft zu verstehen, was bislang erreicht wurde – und was noch zu tun ist.

»Die Perspektivlosigkeit der unverheirateten Frauen des Bürgertums war einer der Hauptgründe für die Entstehung der bürgerlichen Frauenbewegung«, schreibt Herrad Schenk in ihrem Werk *Frauen. Ein historisches Lesebuch*. Und so begann die erste Welle des Feminismus Ende des 19. Jahrhunderts – erstmals wurde systematisch für die Grundrechte der Gleichberechtigung gestritten: das Recht auf Bildung (und damit auf einen qualifizierten Beruf) sowie das Wahlrecht (damit durften Frauen erstmals eine politische Meinung haben und auch vertreten). 1893 gab es erstmals Gymnasialkurse für Frauen, 1909 durften sie erstmals studieren und ab 1919 deutschlandweit wählen.

Die Frauen in der Weimarer Republik waren ungewöhnlich denkfreudig, frivol und mitunter auch wenig zimperlich.[3] Wichtige Vertreterinnen waren beispielsweise Erika Mann, Journalistin und Tochter von Thomas Mann, Elly Beinhorn, eine Pilotin, oder Margarete von Wrangell, die erste Professorin an der Landwirtschaftlichen Hochschule Hohenheim. All diesen Frauen wohnte ein Pioniergeist inne, eine Tatkraft, ein wütender Hunger nach Freiheit außerhalb der eigenen Familie. Warum ich das aufschreibe? Weil bei jedem erfolgreichen Manager mindestens fünf angefangene Biografien auf dem Nachttisch liegen. Weil Männer über Beispiele posen. Und weil es uns Frauen guttut, sie in diesem Punkt zu kopieren – Vorbilder bilden.

Wer nachvollziehen will, was ich mit denkfreudig und frivol meine, dem sei die Biografie der Künstlerfrau Alma Mahler-Werfel empfohlen. Sie war das, was man heute Künstler-Groupie nennen würde. Sie scharte so viele Künstler und Maler um sich,[4] dass es ihr in ihren Erinnerungen nicht schwerfiel, schnell zu diesem und jenem Kunstwerk eine ich-starke Meinung rauszuhauen. Alma Mahler-Werfel war Künstlermuse und Kritikerin in einem, und ganz sicher kann man eines posthum über diese Frau behaupten: Eine Meinung hatte sie. Und damit war sie solitär in ihrer Generation, denn der erste Grundsatz über Frauen lautete: Man solle sie sehen, aber nicht hören. Eine Meinung war also nichts anderes als Befreiung. Und jede laut geäußerte Meinung war ein erkämpfter Schritt dahin, dass heute Angela Merkel Bundeskanzlerin ist und Heidi Klum mit 47 Jahren im Bikini posiert. Je nachdem, was einem wichtiger ist.

Warum schreibe ich so viel über Künstlerinnen? Kunst hatte in Europa damals eine andere Funktion, als sie heute hat. Sie war weniger Dekoration (und Inszenierung) als vielmehr Politik und Sichtbarmachung einer kulturellen Identität. Selbst ein olles Stillleben konnte politisch aufgeladen werden. Heute übernehmen die Medien diese Funktion, deshalb wird Kunst immer mehr zu einem unpolitischen oder kapitalistischen Akt. Früher war Kunst oft die einzige Quelle *aktiver* zeitgenössischer

Kultur – und deshalb muss man eigentlich nicht über Künstler schreiben, sondern über Zeitzeugen.

Noch stärker war Martha Vogeler. Sie wurde von dem damals sehr berühmten und gut betuchten Jugendstilkünstler Heinrich Vogeler entdeckt: Er sah das 14-jährige Mädchen und verliebte sich in sie. Martha heiratete den Künstler und wurde so etwas wie eine Doppelmuse: Vogeler machte sie zu einem Teil seiner Kunst, zu einem integralen Bestandteil seines Werks. Er malte sie, und sie lebten zusammen in dem als Gesamtkunstwerk inszenierten Haushalt Barkenhoff in Worpswede – ein wichtiger Treffpunkt norddeutscher Künstler: Paula Modersohn-Becker, Rainer-Maria Rilke, Gerhardt Hauptmann, Thomas Mann waren häufige Gäste. Eigentlich hätte Martha froh sein können, dass ihr Mann sie aus der prekären Enge befreite – ihr Vater starb früh, die Mutter musste mit land- und hauswirtschaftlicher Arbeit die Kinder allein ernähren. Aber sie emanzipierte sich ein zweites Mal in ihrem Leben und wurde selbst Künstlerin. Als ihr Mann in eine fulminante Schaffenskrise geriet und infolgedessen sich im Ersten Weltkrieg freiwillig an die Front meldete, schuf sie künstlerisch und handwerklich ihr eigenes Profil. Sie zog mit ihren drei Kindern aus dem Barkenhoff aus, legte Wert darauf, dass alle drei Töchter gebildet und berufstauglich erzogen wurden, und rettete zur Freude vieler Kunsthistoriker wichtige Werke ihres Mannes, die er selbst zerstören wollte. Sie war aktives Mitglied der NSDAP und wurde 1942 von der Partei wegen »nicht nationalsozialistischen Verhaltens« ausgeschlossen. Ihre doppelte Verpuppung beeindruckt mich: Sicherlich wuchs Martha Vogeler in engen Verhältnissen auf, eng im geistigen und materiellen Sinn, und trotzdem entschied sie sich an zwei entscheidenden Weggabelungen in ihrem Leben für die (riskante) Freiheit.

Abhängig war diese Frau zeitlebens nicht, obwohl sie viel weniger Möglichkeiten hatte als wir heute. Warum haben wir trotzdem so viel Angst, uns beruflich zu emanzipieren? Warum suchen wir »Ersatzprojekte« für unser Leben (Kinder, soziale Medien, Ernährung), anstatt einfach loszulegen? Ich versuche, mir vorzustellen, wie Martha Vogeler auf uns moderne Frauen reagiert hätte. Gewiss wäre sie keine gewesen, die viel geredet, gefühlt, verwörtert hätte. Sie wäre wahrscheinlich so ein »tiefes, stilles Wasser« gewesen, das man von Weitem bewundern könnte, die aber ihr eigenes Ding machte. Und Kinder hatte sie darüber hinaus auch. Eine Ikone des Feminismus aber würde sie sicher nie sein wollen. Im Gegenteil: Nur aus ihrer Beiläufigkeit, das Leben »so zu nehmen, wie's kommt«, kann man Nektar für sein eigenes Leben saugen.

Vielleicht bedingen sich solche Biografien und der frühe Feminismus trotzdem gegenseitig. Weil starke Frauen Rechte einforderten, hatten sie Erfolg, und dieser Erfolg beflügelte sie weiter und ließ sie das Fundament erkämpfen, auf dem wir heute selbstverständlich stehen: Wir lernen in Schulen und Universitäten dasselbe wie Jungs, haben einen Beruf und ein fortschrittliches Scheidungsrecht.

Das Nazi-Regime war dann ab den dreißiger Jahren ein einziger barbarischer Rückschritt, auch für die Frauenfrage. Frauen galten als »Fruchtschoß« des Dritten Reichs, die lediglich von der Natur dazu auserkoren waren, dem Führer frische Soldaten zu schenken. »Das Wort Frauenemanzipation ist nur ein vom jüdischen Intellekt erfundenes Wort«, wetterte Hitler, »die deutsche Frau braucht sich in den wirklich guten Zeiten des deutschen Lebens nie zu emanzipieren.« Und Heinrich Himmler gab die Gebärroute vor: »In einem richtig gebauten Staat ist das Weib, das nicht geboren hat, unehrenhaft.« Mütterlichkeit wurde zu einer heiligen Aufgabe: Indem die Frau gebiert, sollte sie der deutschen Rasse Unsterblichkeit schenken. Oder Kanonenfutter für den Krieg produzieren? Auf alle Fälle machte der Zweite Weltkrieg die Frauen auf eine ekelhafte Weise emanzipiert, wie es heute in unserer Rundum-Wohlfühlwelt zwischen Grillkäse und Dinkelkeksen kaum vorstellbar scheint. Wir leben seit Jahrzehnten in einer historisch sehr langen Periode des Friedens, zum Glück. Aber manches entwickelt sich zugleich unfreiwillig rückständig.

Es gibt Denkansätze, die legen dar, dass die lange Periode ohne Krieg in Europa Grund für eine derzeitige »Verbiedermeierung der Geschlechter« ist, dass man zum Beispiel in den zwanziger Jahren viel engagierter in Frauenrechtsfragen war, als es heute interessieren würde. Der Krieg ruft Kräfte hervor, von denen man sich in Friedenszeiten nicht vorstellen kann, dass man sie hat, so traurig, wie das ist. Der Essayist Wolf Lotter schreibt dazu:[5] »So einflussreich etwa in den USA und Großbritannien die ›Suffragettenbewegung‹ auch in der Presse und in politischen Zirkeln war, für die Gleichberechtigung waren die beiden Weltkriege von 1914 bis 1918 und 1939 bis 1945 wohl entscheidender. Frauen dominierten in der Kriegswirtschaft die Produktion, und sie ersetzten Männer auch im Büro – vor dem Ersten Weltkrieg kaum vorstellbar. Nach 1945 war das schwer rückgängig zu machen.« Und doch kriegte Mann es hin.

In Deutschland wurde der Wiederaufbau gestartet, ein Unterfangen, das ohne emanzipierte, zupackende Frauen nicht möglich gewesen wäre. Und trotzdem schwappte ab den sechziger Jahren eine Refeminisierung zu uns, die von der amerikanischen Psychologin und Soziologin Betty Friedan[6] »das Problem ohne Namen« genannt wurde: »Es war eine seltsame Erregtheit, ein Gefühl der Unzufriedenheit, eine Sehnsucht, worunter die Frauen in den Vereinigten Staaten um die Mitte des 20. Jahrhunderts litten. Jede der in den Vororten lebenden Ehefrauen kämpfte für sich allein dagegen an. Wenn sie Betten machte, einkaufen ging, Stoff für neue Schonbezüge ausmaß, mit den Kindern Erdnußbutterbrote aß oder sie mit dem Auto zu ihren Pfadfindergruppen brachte, wenn sie nachts im Bett lag – immer scheute sie sich, die leise Frage zu stellen: ›Ist das alles?‹« Friedan beschreibt die Ödnis der amerikanischen Vorstadt und unterschlägt dabei, dass die ein oder andere amerikanische Vorstadtfrau vielleicht mit dem Angebot ihres Lebens ganz zufrieden war: Kinder, Eigenheim und Diätvorschläge.

Für Betty Friedan haben *alle* Frauen ein und dasselbe Problem, das Problem ohne Namen: »Das Problem ist, daß ich immer die Mammi der Kinder oder die Frau des Pfarrers bin und niemals ich selbst.« Ja, es gibt Frauen, die in der Familienarbeit aufgehen. Und sie sind nicht einen Deut weniger wert als Frauen, die Arbeit und Familie unter einen Hut bekommen wollen! Das Einzige, was sie weniger sind: rentenversichert. Abgesichert, für den Fall, dass dem Mann etwas zustößt.

Meine Patentante hat jahrzehntelang nicht gearbeitet. Falsch, das ist unpräzise formuliert: Sie hat nicht *pekuniär* gearbeitet: ein Haus, vier Kinder, gefühlt siebzig Ehrenämter, aktives Gemeindemitglied, Chorsängerin und für jeden kranken Nachbarn da. Gäbe es ein Ehrenamt für flüchtige Feuerwanzen, hätte sie es auch noch übernommen. Die Frau, nach der wir unsere Tochter benannt haben, ist jetzt im Alter gut versorgt: Immer noch vergeht kein Tag, an dem nicht irgendjemand vor ihrer Tür steht und meine Tante, inzwischen verwitwet »auf ein Schnäpsle« abholt. Und für das Finanzielle hatte mein Patenonkel gesorgt: Er hatte seine Frau akribisch für die Zeit nach seinem Tod abgesichert, sodass sie weiterhin das machen konnte, was sie zeitlebens am besten konnte – Menschen eine Gastfreundin sein.

In den Nachkriegsjahren war die Rolle der Frau betonhart zementiert: »Die Frau genügt ihren ehelichen Pflichten nicht schon damit, daß sie die Beiwohnung teilnahmslos geschehen läßt«, hieß es in einem Urteil des Bundesgerichtshofs von 1966. »Wenn es ihr infolge ihrer Veranlagung oder aus anderen Gründen, zu denen die Unwissenheit der Eheleute gehören kann, versagt bleibt, im ehelichen Verkehr Befriedigung zu finden, so fordert die Ehe von ihr doch eine Gewährung in ehelicher Zuneigung und verbietet es, Gleichgültigkeit oder Widerwillen zur Schau zu tragen.« Kurz: Frauen wurden zum Sex per Gesetz gezwungen und sollten dazu bitteschön auch noch rallig lächeln.

Hier setzt die zweite Welle der Frauenbewegung ab den sechziger Jahren an. Sie definierte sich hauptsächlich über den Grad der sexuellen Selbstbestimmung der Frau. Die Antibabypille wurde erfunden, die Abtreibung unter bestimmten Voraussetzungen legalisiert.[7] Alice Schwarzer schrieb über »den kleinen Unterschied« und Hannah Arendt vom »tätigen Leben.«[8] Beiden Autorinnen war ein Beruf Grundvoraussetzung für ein selbstbestimmtes Leben, nicht im ökonomischen Sinn, sondern viel eher im philosophischen.

Was diese Ära besonders effizient machte, war die hungrige Wut der Frauen, mit der sie auf die Straßen gingen. Es gab kein Google, Facebook, Pinterest oder Handy, und trotzdem war die Publikationskompetenz dieser Frauen überragend. Frauenkreise, autonome Zirkel, Studentenparteien – die Frauen der zweiten Welle waren Netzwerkerinnen, wie sie im Buche stehen. Wenn es *etwas* gab, was sie noch besser konnten als Provokation und Politik, dann war es PR. Und sie waren erfolgreich! Drei neue Grundrechte erstritten die Frauen dieser Generation:

- *Eherecht:* Ein neues Eherecht trat 1977 in Kraft. Von da an waren Frauen nicht mehr verpflichtet, den Haushalt zu führen. Es war nur noch *erwünscht*.
- *Scheidungsrecht:* Gleichzeitig wurde das Scheidungsrecht erneuert. Das Schuldprinzip wurde abgeschafft, fortan galt das Zerrüttungsprinzip. Das war ein Meilenstein in der Selbstbestimmung der Frau.
- *Gleichbehandlung:* 1980 wurde ein Gesetz verabschiedet, das die Gleichbehandlung von Frauen und Männern am Arbeitsplatz regelte. Was sich heute nahezu wie aus dem Biedermeier liest, ist in Wirklichkeit gerade mal fünfzig Jahre her – anderthalb Generationen!

Die Generation unserer Mütter und Großmütter kämpfte um das elementare Recht, im öffentlichen Raum gleichberechtigt zu sein. Dieser Kampf erforderte viel Langmut, die abschätzigen Bemerkungen der Männer zu ignorieren. So erscheint es nachvollziehbar, dass sich viele Frauen aus dieser Generation der heutigen Mütterblog-Latte-macchiato-Kultur nicht anschließen mögen. Meine Mutter sagte mal zu mir: »Ich habe da ja nie mitgemacht, aber manchmal denke ich: Wir haben euch einen Weg bereitet, den ihr heute selbstverständlich belustwandelt, mit irgendwelchen selbstbemalten Glückssteinchen von Etsy. Das ist zwar wahnsinnig dekorativ, aber verkennt manchmal, wie schwer es für uns war, über diesen Weg überhaupt erst einmal eine Planierraupe zu jagen.«

Die dritte Welle setzt in den neunziger Jahren an und ist nicht »Revolution, sondern Evolution, nicht Erneuerung, sondern Weiterentwicklung«, wie es in der Autowerbesprache heißen würde,[9] wenn man ein Modell als brandneu verkaufen muss und dafür keinen besseren Marketingclaim hat. Der Feminismus verkapitalisiert. Viel hat hierzu die Popkultur beigetragen: Androgyn wurde hip und der metrosexuelle Mann ebenso. Zunehmend erlebten es auch die Männer als diskriminierend, wenn sie von den Themen Kindererziehung, Haushalt und Familie ausgeschlossen werden. Es gibt kaum noch einen Kita-Elternabend, wo nicht auch Väter, gern in Doppelsetzung, hingehen. Während mein Vater früher abschätzig zu einem männlichen Elternsprecher sagte: »Wenn der dazu Zeit hat ...«, so ist es heute eher ein Distinktionsmerkmal, eine Männlichkeitsveredelung, wenn man im Schultheater die männliche Hauptrolle spielt und wochenlang den Text übt.

Heute, in der Trump-Zeit, tragen Frauen absurd pink gestrickte Wollmützen, um damit die vierte Welle des Feminismus einzuläuten. Feministinnen wie Laurie Penny setzen Antikapitalismus und Feminismus gleich und versuchen, ein neues Gesellschaftsbild zu etablieren. Es ist ein vulgäres, brutales und aggressives Frauenbild – nichts erinnert an die niedlichen Mütterblogs oder die vielen selbstgestrickten Megaschals auf Etsy.

Penny schreibt in ihrer Streitschrift *Unsagbare Dinge* über die moderne Frau: »Abgefuckte weiße Mädchen. Die Buchauslagen und Zeitschriftenständer in den Städten quellen über von Geschichten über abgefuckte weiße Mädchen, schöne kaputte Püppchen, die mit der Freiheit und den Chancen, die sie geerbt haben, nicht zurechtkommen, die armen Dinger. Wir fetischisieren diese Mädchen, fotografieren sie, retuschieren ihren geblähten Bauch und ihre spitzen Knochen. [...] Das Scheitern ist zu einem Modeaccessoire geworden, einem Luxus. Dem Leben nicht gewachsen zu sein, ist cool. Das Koksen, das Saufen, die Essstörung, die hauchdünne transzendente Schönheit einer jungen Frau [...]: Das ist mittlerweile fester Bestandteil des neoliberalen Weiblichkeitsmythos.«[10] Damit wird Penny zu einer der wichtigsten Ikonen des jungen Feminismus. Ihr literarischer und kultureller Wert besteht in ihrem unbarmherzigen Umgang mit Worten, der es erst ermöglicht, in einen Diskurs einzusteigen. Anders als die Feministinnen der siebziger Jahre liest sich Penny klar und deutlich wie ein *Brigitte*-Dossier und ist gleichzeitig so bissig und scharfzüngig wie die *Titanic*. Ohne Penny wäre die Feministinnenzunft ärmer und flacher und humorfreier.

Ihr gegenüber stehen Feministinnen wie die Philosophin Svenja Flaßpöhler, die mit einer neuen Weiblichkeit vor allem auch mehr Eigenverantwortung der Frau fordert. In einem Interview mit dem *Spiegel*[11] prangert sie die »Vergeltungslogik« der Frauen in der #MeToo-Debatte an: »#MeToo ist zunächst nur ein Schlagwort, und es ist bei Lichte betrachtet völlig unklar, was damit genau gemeint ist. Es wird der diffuse Eindruck erweckt, dass Frauen von einer strukturellen, männlichen Macht unterdrückt werden. Aber was heißt das eigentlich? Vor dem Gesetz sind Männer und Frauen gleichberechtigt. Im täglichen Miteinander gibt es gewiss weiterhin eine Ungleichheit, aber für das Miteinander sind zunächst mal die Individuen selbst zuständig.«

Schuld an diesem »Ist-mein-Mann-doch-selbst-schuld-wenn-ich-friere-warum-kauft-er-mir-keine-Handschuhe«-Feminismus sei der dekonstruktive Feminismus, wie ihn Judith Butler in ihrem Buch *Das Unbehagen der Geschlechter* beschreibt. Die Einteilung in »männlich« und »weiblich« sei demnach nur ein Instrument männlicher Herrschaft, die eine biologische Tatsache instrumentalisiere.

Schön und gut, dass man aus der Doppelgeschlechtigkeit den Mann extrahiere, findet Svenja Flaßpöhler – aber wo bleibt da die Frau? Wer hat zugelassen, dass sie herausgetrennt wird? Wer unternimmt nichts dagegen, dass es dafür keine Kompensation gäbe? Flaßpöhler hält sich strikt an Luthers Leitsatz: Hilf dir selbst, so hilft dir Gott. Sie will nicht, dass Männer einsehen, sich für Frauen zu ändern. Sie will, dass Frauen einsehen, dass es lohnt, den Kampf mit Männern aufzunehmen. Ob nun jede bereit ist und auch das Potenzial zu kämpfen mitbringt, muss man vorsichtig hinterfragen – auch ohne die Frauen mit dieser Nachfrage unselbstständig zu machen.

Politik wird heute mehr zu einem Selbstinszenierungsmerkmal und verliert zugleich den Charakter des Allgemeinwesens. Wenn ich mich politisch äußere, dann lasse ich mich auch zu großen Teilen über mich selbst aus. Politik war noch nie so sehr wie heute auch ein narzisstischer Akt.

Mit dieser »ästhetisierten Politik« verdienen Feminismusikonen auch ihr Geld: Penny zum Beispiel ist ein Konsumprodukt, deren Marktwert maßgeblich davon abhängt, wie viel Follower sie hat, wie viele Twitter-Nachrichten pro Tag sie rausschießt und zu wie vielen Podiumsdiskussionen sie eingeladen wird, weil sie eine provokative These im Gepäck hat. Dass sie sich nur um schwarze, benachteiligte, alleinerziehende Frauen kümmert, ist geradezu rührend verlogen. Sie kümmert sich auch um sich, und das sehr geschäftstüchtig. Nun ist Kommerz zunächst nichts, wofür man eine erfolgreiche Zeitkritikerin tadeln sollte. Schwierig beziehungsweise kariös wird ihre Argumentation nur, wenn sie behauptet, dass Feminismus immer auch Antikapitalismus bedeuten müsse. Dann darf sie den Kampf, den sie *gegen* den Kapitalismus führt, nicht ausgerechnet *mit* den Mitteln des Kapitalismus führen. Und soziale Medien, die Hauptverbreitung ihrer Thesen, sind ein Amalgam aus Narzissmus, Kapitalismus und (medialer) Gewalt. Auch eine Bloggerin hat Macht.

Synthese aus Job, Familie und Identität

Wenn wir uns also um uns kümmern wollen, dann müssen wir zuerst einordnen: Wie viel Feminismus bin ich? Denn mit dem Feminismus ist es heute in etwa so wie mit den Lebensmittelunverträglichkeiten: Jede sucht sich das Ernährungsprinzip aus, das ihrer Identität am ehesten entspricht, und mit genau diesem Prinzip inszeniert sie sich. Vegan? Zu doktrinär. Glutenunverträglich? Zu freudlos, ich esse ja gern Kuchen. Vegetarisch? Geht, aber ab und zu den von meinem Mann geangelten Fisch, der muss schon sein. Also Flexitarier. Was bei der Ernährung leicht einzuordnen ist, ist beim Feminismus schwammig. Deswegen personalisiere ich nachher die politischen Gewichtungen, einfach um ein bisschen zu spielen. Aber vielleicht muss ich vorher noch kurz erzählen, was eigentlich mein Beruf ist und wie ich zu dem komme, wofür ich heute, ja, brenne:

2010 hatte ich mein drittes Kind geboren und lebte als freiberufliche Journalistin mit meinem Mann in Hamburg. Das Schreiben wurde zunehmend schwieriger: weil ich nicht mehr spontan reisen konnte, weil mir die für den Journalismus nötige Flexibilität fehlte, wenn ich mich nicht auf Spargelrezepte und Horoskopschreiben spezialisieren wollte. Genau in diesem Moment kam meine Kollegin Miriam mit ihrer Familie aus Shanghai zurück, sie hatte drei Jahre als Expat-Gattin auf dem Buckel. Ich weiß noch, wie wir betrübt im Kinderzimmer meiner Söhne saßen, sie mit Augenringen, ich mit Babykotze auf den Schultern, und dass wir irgendwie nur diesen Tag rumbringen mussten, bis endlich alle fünf Kinder im Bett lagen und der nächste langweilige Tag beginnen konnte. Und genauso, wie man den Kindern immer predigt: »Langweile dich ruhig, dann entstehen daraus gute Ideen«, fingen wir auf einmal an zu sortieren: Was können wir Journalisten eigentlich gut?

Wir Journalisten können gut schreiben. Wir können den Kern einer Geschichte erfassen und, wenn der schon auserzählt ist, dann drehen wir diese Geschichte noch eine Schraubendrehung weiter. Wir haben einen Sinn für die Notwendigkeit von Unterhaltung. Wir können uns selbst organisieren, weil wir das als Freiberufler jeden Tag müssen. Wir haben eher eine Ahnung als andere, wenn uns sozial erwünschte Phrasen erzählt werden – Menschenkenntnis will ich das noch nicht nennen, obwohl es in die Richtung geht. Und vor allem haben wir die Chuzpe, schamlos weiterzufragen. Und noch weiter, wenn wir es nicht verstanden haben. Oder nicht glauben wollen. Oder einfach neugierig sind.

2011 haben Miriam und ich unsere Job-Profiling-Agentur i.do gegründet. Zielgruppe: Augenringe und Babykotze auf der Suche nach einem neuen Job. Eine aufregende Arbeit! Von tausend Frauen kam nicht eine, bei der ich nach einer Stunde dachte: »Och, so was Ähnliches hatten wir schon mal, da nehmen wir dann einfach dies und das.« Von tausend Frauen hatten wir nicht eine, die mich gelangweilt hatte.[12] Und vor allem: Von tausend Frauen hatten wir nicht eine, die es *allgemeingültig richtig* gemacht hätte. Viele, fast alle, haben für sich das passende System entwickelt, aber keine individuelle Lösung kann für alle gelten. Oder, um Laurie Penny zu zitieren: »Die Vorstellung, dass es so etwas gibt wie das durchschnittliche Mädchen, die ›typische‹ Frau, die für jede andere mit einer Vagina ausgestattete Person auf diesem Planeten sprechen kann, ist eins der größten sexistischsten Märchen unsere Zeit.«

Ich möchte nicht, dass *alle* Mütter arbeiten, für manche ist es besser, nicht zu arbeiten und wirklich voll bei der Familie zu sein – wenn es denn eine Rentenabsicherung gibt.

Ich möchte nicht, dass *alle* Mütter Vollzeit-Muffin-Bäckerinnen werden. Bob, der Baumeister, Conny und Bobo Siebenschläfer sind literarische Verhütungsgründe, sodass ich jeden verstehen kann, der flieht.

Ich möchte auch nicht, dass *alle* Frauen Teilzeit arbeiten, denn für manche kann es viel sinnvoller sein, wenn der Mann in Teilzeit arbeitet und die Frau voll.

Aber ich will, dass jede Frau und jeder Mann sich einmal mit dem Thema beschäftigt, weil es eben keine reine Bauchfrage ist, ob man zu Hause bleibt oder nicht. Denn jede zweite Ehe wird in deutschen Großstädten geschieden, und sobald das jüngste Kind drei Jahre alt geworden ist, verlangt der deutsche Staat, dass der (nicht arbeitende) Elternteil wieder voll arbeitet! Zählt man zu den Geschiedenen noch die auseinanderbrechenden nichtehelichen Gemeinschaften hinzu, die Krankheitsfälle, andere unvorhergesehene Zwischenfälle wie Arbeitslosigkeit, dann ist nur für einen sehr, sehr kleinen Teil aller Familien das Schicksal so, dass sie unreflektiert in eine unbeschwerte Rama-Zukunft hineinleben können.

Ich kann sagen, dass ich für meinen Job brenne. Ich will, w i l l, W I L L für jede eine passende Lösung finden. Ja, auch Eitelkeit ist dabei, dass ich mir nicht eingestehen will, dass ich auch mal überfordert bin. Ja, auch Gefallenwollen ist dabei. Und ganz viel eigene Biografie.

2017 erkrankte mein Mann schwer, sodass ich seitdem Alleinverdienerin für unsere Familie bin. Es gab seit seiner Diagnose nicht einen Tag, an dem ich nicht gedanklich Matthias eine Kerze ins Fenster gestellt habe: Dafür, dass er mich vom ersten Tag bis heute hat arbeiten lassen. Dafür, dass er mich lässt, mehr, als viele andere Ehemänner ihre Frauen lassen würden. Er ist Arzt, ein westfälisch sturer dazu. Wie andere Männer hätte er durchaus die Möglichkeit, der Frau das Arbeiten madig zu machen – das kann ja heute mehr oder weniger subtil geschehen:

- »Meinst du nicht, dass es für die Kinder besser ist, wenn noch jemand zu Hause ist? Unsere Maus ist ja noch so klein …«
- »Du musst dich nicht auch noch bei der Arbeit plagen, du machst ja sonst schon so viel für uns …«
- »Du siehst müde aus. Vielleicht ist das alles ein bisschen zu viel für dich …«

All das hat Matthias nie gesagt, er wusste vom ersten Kennenlernen an, dass Arbeit für mich Identität bedeutet. »Dein Lieblingswort war damals ›professionell‹«, zieht er mich noch manchmal auf, »nach Oskars Geburt war es ›selbstgemacht‹, bei Anton ›multitasking‹ und bei Lulu ›müde‹.«

Ich habe es immer geliebt rauszukommen. Drei Tage nach der ersten Geburt habe ich ein Interview geführt, und trotzdem war ich lange Jahre auch zu Hause bei unseren Kindern. Ich glaube, dass ich für unsere Situation die optimale Synthese aus Job, Familie und Identität herausgeholt habe. Und in dem Moment, als es nötig wurde, konnte ich meinen Job aufstocken und damit meine Familie ernähren. Es gibt wenige Dinge, die mich stolzer machen.

FÜNF FRAUEN
AUF DER SUCHE

Wer als Frau einen Beruf sucht, der sie erfüllt, muss früher oder später sortieren: Was sind *meine* Wünsche, die ich an den Beruf stelle, was sind soziologische Wünsche und welche entsprechen der Zeit und dem Ort, in dem ich lebe?

- *Was ist mein historisch-kultureller Anteil meiner beruflichen Identität?* Frauen werden negativ beurteilt, wenn sie erfolgreich sind, Männer hingegen positiv. Sheryl Sandberg formuliert es in ihrem Manifest *Lean In* so: »Unserer Klischeevorstellung zufolge sind Männer entscheidungsfreudig, ehrgeizig und die Ernährer der Familie. Frauen sind demnach sensibel, sorgen für andere und kümmern sich um das Gemeinwohl. Weil wir Männer und Frauen gegensätzlich charakterisieren, landen beruflicher Erfolg und alle damit in Verbindung gebrachten Charakterzüge bei Männern.« Es gibt zahlreiche Studien zu dieser traurigen Tatsache.[1] Wer es saftiger formuliert haben will, liest bei Laurie Penny nach: »Man hat uns angelogen. Frauen meiner Generation wurde erklärt, wir könnten ›alles haben‹, solange ›alles‹ Ehe, Babys, eine Karriere im Finanzwesen, ein Schrank voller schöner Schuhe und völlige Erschöpfung war und solange wir reich, weiß, hetero und artig waren.«
- *Was ist mein Gender-Anteil meiner beruflichen Identität?* Eltern erziehen, ob sie nun für oder gegen Prinzessin Lillifee sind,

Jungen und Mädchen unterschiedlich. Sie sprechen tendenziell mehr mit Mädchen als mit Jungen. Sie überschätzen die körperliche Kompetenz ihrer Söhne, und sie unterschätzen die ihrer Töchter. Auf dem Spielplatz heißt das dann: »Marie, pass auf, wenn du da hochkletterst!« Oder: »Ja, Emil, ich sehe dich.«[2] Diese sehr frühe Prägung hat mehr Einfluss, als wir uns eingestehen wollen – und sie hat gleichzeitig etwas Entlastendes: Nicht für jeden Dreck sind wir selbst immer und vollumfänglich verantwortlich, manches ist einfach früh angelegt. Wer als Kind ein Risiko als eine Bedrohung kennengelernt hat, ist später fast immer tastend, suchend – auch bei der Berufswahl, auch bei den Bewerbungen, auch bei dem Wunsch, noch einmal etwas völlig anderes machen zu wollen bei gleichzeitigem Verharren auf alteingesessenen Feldern. Meine Mutter, eine Schatzkiste an Sprüchen, Lebensweisheiten und Kalenderdämlichkeiten predigte uns Kindern immer: Wer sich nicht getraut, Geld auszugeben, getraut sich auch nicht, welches einzunehmen. Abgesehen davon, dass ich den Sinn nicht mal annähernd verstand, wenn eine *Bravo* unfassbare 2,60 D-Mark kostete, hat dieser Satz trotzdem den Weg in mein limbisches System gefunden: Heute kann man mir eine gewisse Finanzfixiertheit unterstellen, oder, um mit meiner Kollegin zu sprechen: »Du klebst am Geld, wie Thomas Anders früher an Nora.« Dieser Zweig ist bei Frauen sonst eher kümmerlich gezüchtet und hat bei mir vielleicht auch etwas damit zu tun, dass wir zu Hause drei Mädchen waren: Wenn mein Vater etwas von seinem kaufmännischen Geschick weitergeben wollte, blieb ihm nichts anderes übrig, als seinen Töchtern Finanzgeschick zu vermitteln. Wenn meine Mutter etwas von ihrer DDR-Flüchtlingsbiografie weitergeben wollte, blieb ihr nichts anderes übrig, als ihren Töchtern wieder und wieder zu predigen: Ihr braucht einen Job, um wirklich unabhängig im Leben zu sein.

- *Was ist mein psychologischer Anteil meiner beruflichen Identität?* Wer ein Leben lang Vaters Aufmerksamkeit suchte, wird auch im Beruf indirekt nach einer Bühne suchen. Solch eine Bühne kann etwa der Beruf des Lehrers sein oder des Fitnesstrainers. Wer gelernt hat, dass »man Kinder sehen, aber nicht hören soll«, fühlt sich wahrscheinlich in der zweiten Reihe wohler – die Fäden kann man auch im Hintergrund ziehen, Eines der schönsten Filmbeispiele für Erste- und Zweite-Reihe-Kämpfer ist die US-Serie *House of Cards*. Hier kann man deutlich den Strippenzieher aus der zweiten Reihe beobachten und den Repräsentanten in der ersten – beide wären bei einem angewiesenen Rollenwechsel schlecht.
- *Was ist mein familiärer Anteil meiner beruflichen Identität?* Auch die Geschwisterfolge und -zusammensetzung kann über Berufswünsche Aufschluss geben. Mein Mann war der älteste von drei Jungen, ich bin das jüngste von drei Mädchen. Abgesehen davon, dass wir in dieser Konstellation einen verhältnismäßig reibungslosen Ehealltag leben können (der Mann als Bestimmer, die Frau als kreativer Kolibri) ist Matthias Nephrologe geworden: ein Nierenfacharzt, der anpackt, bestimmt, heilt, recht hat. Ich bin Journalistin, eine, die sich erst einmal hinkauert, nachfragt, zuhört und erst am Schluss die sprachliche Keule rausholt und dann meinungsfreudig oder kreativ einordnet. (Deswegen gewinne ich auch die meisten Streits mit Matthias, aber man darf ihm das bloß nicht sagen.) Der Erstgeborene übernimmt oft Verantwortung und die Tradition, der Zweitgeborene muss oft rebellieren, die Dritten suchen sich oft einen eigenen, kreativen Weg, weil sie mit Muskelkraft eh gegen die Geschwister keine Chance haben.

- *Was ist mein ganz und gar individueller Anteil meiner beruflichen Identität?* Welche Vorlieben, Interessen und Stärken haben mit den vier oben genannten Parametern nichts zu tun, sondern sind ausschließlich meine ureigene Identitäts-DNA? Und wie viel Feminismus passt in meine Job-Description, damit es immer noch meine DNA bleibt?

Wir Journalisten neigen ja zu holzschnittartiger Verkürzung, aber manches Mal sind diese Verkürzungen ein gutes kreatives Werkzeug. Stellen wir uns mal fünf verschiedene Frauen vor, die sich zum Sommerfest der Kita treffen: Jutta von Bode, Annika Prenzelberg, Lisa Müller, Susanne und Sheryl.

- *Jutta von Bode* ist adlig, konservativ und sehr sozial. Ihre Identität speist sich aus einer konsequenten Fokussierung. Der Beruf ist ihr nicht wichtig, sie hat eine anspruchsvolle Bildung genossen und ist einfach saugern Mutter.
- *Annika Prenzelberg* stellt sich meist ohne Nachnamen vor, ist sozial und vor allem online extrem gut vernetzt und mag alle Ideen, die kreativ, modern und selbstgemacht sind. Dienst nach Vorschrift, Arbeiten, ohne zu hinterfragen, Karriereehrgeiz sind ihr fremd und widerwärtig.
- *Lisa Müller* ist der personalisierte Durchschnitt, so wie wir alle etwas Durchschnittliches an uns haben, auf unterschiedlichen Gebieten (außer vielleicht Dalí oder Nina Hagen). Lisa wäre die Traumtesterin für qualitative Marktforschung, weil sie instinktsicher weiß, was in unserer Gesellschaft funktioniert und was nicht.
- *Susanne* wird von ihren Freundinnen oft Superwoman genannt, weil sie scheinbar alles mühelos stemmt: Karriere, Partnerschaft, Sport, Elternhaus. Dabei kennt sie auch die neuesten Haarprodukte und kann aus dem Effeff sagen, wel-

ches Festival wo gerade läuft. Ein wunderschöner Hamster in COS-Klamotten, der auf jeder Skifreizeit vorn mit dabei ist und den wir alle ein bisschen bewundern, aus der Ferne, weil wir es selbst nie so schaffen würden.

- *Sheryl,* die nicht zufällig eine Namensschwester der Facebook-Chefin ist, ist ehrgeizig, professionell, neoliberal und immer die Letzte, die zur Kita eilt. Mit einer Mischung aus Bewunderung und Neid meiden die anderen Mütter sie. Männer finden sie oberflächlich langweilig, aber eigentlich bedrohlich, weil sie die Einzige ist, die über *Jerks*-Witze nicht lachen kann – weil sie *Jerks* gar nicht kennt.

Diese fünf Frauen begegnen mir in den Jobberatungen immer wieder, mal in Reinform, mal in Mischform. Jede hat andere Bedürfnisse, wenn sie mit einem Auftrag zu uns kommt:

- *Jutta von Bode* ist stark in ihrer Herkunft verhaftet. Ignoriert man diese, fühlt sie sich nicht erkannt.
- *Annika Prenzelberg* braucht das Gefühl, dass die Arbeit, die sie macht, und ihr Hobby fast deckungsgleich sind, sonst fühlt sie sich ausgenutzt.
- *Lisa Müller* will auf keinen Fall Extreme leben, dazu ist das Netzwerk, in dem sie sich aufhält, viel zu stabil. Ihre Stärke ist das Maß.
- *Susannes* Perfektionismus ist nicht sofort zu durchschauen, es braucht eine Zeit, bis sie anderen erlaubt, diese Maske zu lüpfen. Hervor kommt ein sehr sensibler, sehr bedürfnisreicher Mensch, der sich wünscht, einmal mit denselben achtsamen Augen betrachtet zu werden, wie sie andere betrachtet.
- *Sheryl* hat das übliche Rollenbild vertauscht. Bei ihr passt vielleicht der Mann überwiegend auf die Kinder auf, vielleicht hat sie diesen Part auch ausgelagert. Sie versteht ihren Job am

ehesten so, wie ein Mann ihn auch verstehen würde, und deswegen empfindet sie jeden Verweis auf Familie und Kinder als Beschneidung und Kränkung.

Diese fünf prototypischen Souffleusen haben es sich bei mir im Kopf längst gemütlich gemacht, wenn wir Frauen beraten. Sie sind so etwas wie die nützlichen Stimmen eines Kindes: naiv, unbedarft und manchmal sehr, sehr klug.

Manchmal ertappe ich mich dabei, wie ich mich beispielsweise frage: »Was würde jetzt Jutta von Bode sagen?«, wenn doch die Frau, die gerade bei der Jobberatung vor mir sitzt, am liebsten eine CEO-Position im Großunternehmen anstreben würde. Ich frage mich das nicht, um zu bekehren, sondern um meinen Kopf vor zu festen Vorurteilen zu befreien. Es kann nämlich sein, dass so eine »perfekte Frau« auf die Frage »Was spielen Sie mit ihren Kindern besonders gern?« auf einmal aufatmet und aufzählt: »Lego, Knete, Barbie, Fimo und am allerliebsten Räuberessen unter dem Tisch.« Und des Weiteren erzählt sie vielleicht, dass ihre Eltern immer sehr auf Lernen und Bildung Wert gelegt hätten. »Mit einer Zwei kommst du mir nicht nach Haus«, gehört zu den Sätzen, die diese Frauen aus ihrer Kindheit erinnern. Und meist haben sie auch noch einen Bruder oder eine Schwester, die die Weltenbummlerinnen-Rolle vertritt, sodass sich die Vernünftigen auf die ökologisch freie Stelle des Familiensystems setzen und ganz schnell ganz erfolgreich vor sich hinleben. Müssen sie das wirklich?

Oder Sheryl – wie würde sie reagieren, wenn man sie mit dem Auftrag konfrontierte, den neulich eine promovierte Juristin an uns stellte: »Ich hätte gern etwas ohne sozialen Abstieg – und lieber etwas mit Schnittblumen.« Sheryl wäre zu hyperfokussiert, um »Hase, nee, ne?« zu stöhnen. Stattdessen würden Kennzahlen durch ihren Kopf rattern. Wenn man statt eines Ladens einen Wochenmarktwagen kaufen würde, dann fielen Mietkosten weg – ab wann würde sich also ein Wagen rentieren? Wenn man nun nur zweimal die Woche seinen »Laden« öffnete und dann mit konsequent nur einer Blume und konsequent zum Tief- und Frischepreis? Könnte man diese Idee, sollte sie funktionieren, erweitern? Ließe sich ein Franchise daraus entwickeln? Solche Überlegungen holen aus der Komfortzone heraus – aus meiner Komfortzone. »Nee, geht nicht« zu sagen, ist nämlich (zu) einfach.

Und womit hilft man Frauen in der Jobberatung wirklich, das heißt nachhaltig? Indem man zu einem radikalen Wechsel rät? Eher nicht. Indem man ihnen ihre Familienaufgabe à la Bert Hellinger[3] aufzeigt und ansonsten zum Füße-Stillhalten animiert? Noch weniger. Aber vielleicht indem man ihnen einen nach außen repräsentativen Job sucht, der in der Binnenstruktur Schlupflöcher bietet. Das kann durch ein junges Unternehmen sein, oder, durch eine orchideenhafte Position, auch ein Konzern. Wir haben einmal eine gelernte Hotelfachkraft ein Jahr lang auf ein Kreuzfahrtschiff gesteckt. Nach diesem Jahr war sie aus den Familienfängen befreit, hatte branchennah gearbeitet und sich zudem das Prädikat erworben: »Kann ackern bis zum Umfallen!« Was sie heute macht? Hotellerieanwärter schulen, und zwar mit einem offenen Blick auf deren Herkunftsfamilien. Also doch ein kleines bisschen Hellinger, aber nur in homöopathischer Dosis.

Ich erzähle jetzt mal für jede meiner fünf Souffleusen einen Prototyp nach. Diese Figuren sind ein Mix aus allen Beratungen, die wir gemacht haben. Alle geschilderten Fälle sind Zusammenschnitte und Verdichtungen zum Zweck der Verdeutlichung. Kein Porträt hat es so gegeben, aber alle biografischen Details, auf die ich zurückgreife, stammen aus unseren realen Fällen.

Jutta von Bode: Alles hat seine Zeit

Jutta von Bode aus Hamburg kommt eines Tages zu uns, und schon bei der Begrüßung wird deutlich, in welcher Zwickmühle aus Konvention und Moderne sie steckt. »Wie spricht man Sie an?«, fragt mein Kollege Sebastian. Ihr gelachtes »Freifrau von und zu Bode, wir sind inzwischen verarmt« zeigt uns, dass sie die Adelsallüren albern und dennoch wichtig zugleich findet.

Sie legt ihren Mantel ab, beige, wertig, zeitlos: »Nein danke, für mich nur ein Wasser.« Wir haben immer Massen von Süßigkeiten bei uns stehen, Kekse, Schokolade – wenn man den ganzen Tag denkt und raucht, braucht der Kopf Schnellenergie. Aber während Sebastian, mein Kollege, und ich schon munter mampfen, hält sie sich am Glas Wasser fest, und selbst daran nippt sie nur. Aber kommunikativ, anekdotenhaft, das ist sie. Sie kann in einem leichten Plauderton, den man beim Pferderennen oder auf einer Gartenparty anschlägt, viel von sich erzählen – und zugleich nichts.

Jutta von Bode stammt aus einem alten adligen Geschlecht, ihr Vater war noch ein klassischer Gutsverwalter, der erst vor ein paar Jahren seine Pacht an den Sohn übergab, die Mutter arbeitete nicht, Jutta hat noch drei Geschwister, den besagten Bruder, älter, und jüngere Zwillinge. Sie selbst beschreibt ihre Kindheit so: »Bullerbümäßig. Wir hatten ja immer jemanden zum Spielen. Wir waren den ganzen Tag draußen, bei den Pferden. Und wenn eines der Rinder gekalbt hatte, war das immer eine große Sache.« Trotzdem gab es noch die zweite Welt, die distinguierte: Ihre Mutter legte Wert auf eine ordentliche musikalische Erziehung, jedes Kind musste ein Instrument lernen, die Mädchen machten Ballett, der Bruder ging in den Ruderverein. Im Sommer fuhr man fast nie weg: »Mein Vater war so etwas wie ein

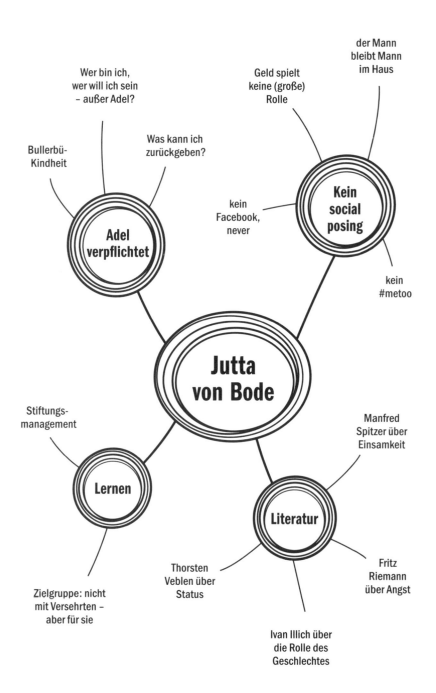

Streitschlichter in seiner Gegend, da konnte er sich nie freinehmen. Aber wir haben das Reisen nicht vermisst. Ich bin dann ja in der neunten Klasse für ein Jahr nach Amerika gezogen.«

Dieses Jahr war für Jutta der erste Schock ihres Lebens: Sie kam zu einer streng religiösen Familie im Bibelgürtel – obwohl sie bisher gedacht hatte, selbst einen soliden kirchlichen Zugang zum Glauben zu haben. Doch dort traf sie auf fünf Teufelsaustreiber, »wie sie eher in einer amerikanischen Sitcom zu finden sind. Aber ich fand das damals nicht lustig. Ich war unfassbar erschrocken.« Wenn sie erzählt, wird nicht genau klar, worüber sie am meisten schockiert war, damals in der amerikanischen Diaspora: dem religiösen Wahn, dem ein ganzer Landstrich verfallen war, den Weißbrottoasts mit Erdnussbutter und Zuckerstreuseln, dem permanent laufenden Fernseher, der Mutter, die für ihre Kinder keine Zeit fand und noch zwei Jobs hatte, die Gleichgültigkeit, mit der diese Familie nebeneinanderher lebte?

»Weihnachten gab es für jeden Geld und Kitsch. Es war schauderhaft, keine Lieder, keine Rituale, kein gemeinsames Essen. Selbst am Heiligen Abend fuhr mein Gastvater bei McDonald's vor.«

Als Jutta wieder nach Hause kam, hatte sie erst einmal genug vom Abenteuerleben außerhalb der Familie. Sie studierte Wirtschaftswissenschaften und schloss das Studium mit Prädikatsauszeichnung ab. Ihr Vater hatte ihr die erste Stelle durch gute Bekannte besorgt, und so war es nur eine Frage der Zeit, bis sie die Dependance der Firma, für die sie arbeitete, in Madrid führte – und ihren künftigen Ehemann heiratete. »In Till habe ich alles gefunden, wonach ich mich zeitlebens gesehnt habe. Wir reisen gern zusammen, lieben das gute Essen, klassische Musik und können aber auch in Wacken lustige Tage miteinander verbringen. Als er um meine Hand anhielt, war mir wichtig, dass er das auch vor meinem Vater machte. Und ich bin froh, dass meine Eltern ihn genauso mögen wie ich.«

Hochzeit, Flitterwochen, Kinder. Heute leben die von Bodes in einer Kleinstadt nahe Hamburg. Ihr Mann leitet einen mittelständischen Betrieb, Jutta kümmert sich um drei Kinder und den Hund. Sie lieben Hausmusikabende und, wenn sie von ihren Lieblingsmedien erzählen soll, zählt sie *Landlust*, *Brigitte Woman* und die *Zeit* auf. Kein Facebook, kein Twitter, kein Instagram. Im Sommer kommen die Jüngsten in die Schule, und nun sucht sie »eine Tätigkeit, die es mir ermöglicht, trotzdem für meine Familie da sein zu können. Gerade die Große braucht Unterstützung, wenn sie jetzt auf das Gymnasium wechselt. Der Jüngste ist auch noch sehr verspielt – ich möchte nachmittags zu Hause sein, wenn er aus der Schule kommt.«

Zum Mittag haben wir folgende Wünsche an den Job herausgefiltert: unbedingt Teilzeit, etwas mit Sinn, aber eine NGO wäre »zu extrem«. Gern noch etwas lernen, weil ihr das Zeit verschafft. Nichts mit Kindern, obwohl sie Kinder mag, und nichts mit Kranken, Alten oder Versehrten: »Das rein körperliche Pflegen ist nichts für mich.« Es sollte insgesamt nicht zu emotional sein. Ihre Bescheidenheit muss sich irgendwie im Job widerspiegeln, einen narzisstischen »Bühnen-Job« will sie auf keinen Fall. Die Tätigkeit sollte ausbaubar sein, wenn die Kinder groß sind, und sie sollte »meine Werte widerspiegeln«, so sagt sie. Werte sind Jutta wichtiger als Kreativität, Macht, Mode, Soziales, Start-ups, Lehrendes und irgendwie alles, was sich an den Kapitalismus anbiedert.

Frauen wie Jutta, egal ob adlig oder nicht, tragen ein fest verwurzeltes Wertekorsett in sich, das sie stützt und führt. Sind die Berufe nicht mit diesen Werten vereinbar, sind sie zu keinem Kompromiss bereit. Dieses Wertekorsett hat der amerikanische

Ökonom Thorstein Veblen 1899 in der *Theorie der feinen Leute* beschrieben. Obwohl sich seine Beobachtungen an die bürgerliche amerikanische Gesellschaft richten, trifft es auch heute gut auf Menschen zu, die ähnlich wie Jutta ticken.

Veblen beschrieb die Oberschicht, die ihren Habitus durch zwei ostentative Tätigkeiten demonstrierte: einmal durch demonstrative Müßigkeit und zum Zweiten durch ebenso demonstrativen Konsum. Mit Müßigkeit war nicht etwa Faulheit gemeint, sondern viel eher alle nichtproduktiven Tätigkeiten, die seit der Antike der reichen Oberschicht vorbehalten waren. Tätigkeiten, die Prestige, aber kein Geld einbrachten, waren zur Zeit Veblens beispielsweise das Erlernen toter Sprachen wie Latein, die Beherrschung von Versmaß und Grammatik. Mit all diesen Tätigkeiten zeigte der Mann, dass er über dem schnöden Geldverdienen stand und seiner Arbeit andere Werte zuordnen konnte: Tapferkeit, Gemeinwohl, Standesbewusstsein. Wenn er seine Dienerschaft einkleidete, dann bitte in einer Livree, damit sichtbar wurde, dass seine Diener sein Prestige erhöhten. Auch eine Ehefrau war zur damaligen Zeit nichts anderes als eine Prestigesteigerung, weshalb es wichtig war, dass sie gut aussah, Manieren hatte und die gesellschaftlich verlangten Codes beherrschte, die das Ansehen ihres Mannes mehren konnten.

Manieren sind ein an sich wichtiger Wert: »Die tiefere, ökonomische Ursache muss in der Ehre gesucht werden, die der Muße, d. h. der nicht-produktiven Verwendung von Zeit und Bemühen anhaftet, ohne die man keine guten Manieren erwerben kann«, schrieb Veblen. »Guter Geschmack, Manieren und kultivierte Lebensgewohnheiten sind wertvolle Beweise der Vornehmheit, denn eine gute Erziehung verlangt Zeit, Hingabe und Geld und kann deshalb nicht von jenen Leuten bewerkstelligt werden, die ihre Zeit und Energie für Arbeit brauchen.«[4]

Ist das die Erklärung dafür, dass heute so viele Kinder totgefördert werden? Wollen wir damit nur über Bande angeben? Ist das ein kulturell tief verwurzelter Ansatz unseres Helikopters? Überbesorgte Eltern, Mütter gleichermaßen wie Väter, die immer und überall über ihren Kindern schweben und sie vor der Unbill des Lebens zu beschützen versuchen? Am liebsten würden wir ihnen einen Chip einpflanzen, sodass wir immer und überall wissen, was sie machen – aber zum Teil gelingt es einfach dadurch, dass wir ihr Handy orten. Ein Bekannter zeigte mir neulich sein Smartphone, das mit dem seines sechzehnjährigen Sohns synchronisiert war. Der weilte zu dieser Zeit auf einer Klassenreise: »Ah, sieh mal, jetzt sind sie gerade immer noch in einer Kneipe, dabei ist es schon 11 Uhr morgens«, sagte er. Ich muss daran denken, dass früher die Handwerksgesellen oft schon mit sechzehn für drei Jahre auf Wanderschaft gingen, ohne Handy, ohne Internet, aber in der heiligen Verpflichtung, sich dem Heimatort nicht weniger als 50 Kilometer zu nähern. Drei Jahre lang wussten Eltern nicht, ob und vor allem wann sie ihre Kinder wiedersehen.

Bin ich selbst besser? Ich habe mir für meine drei Kinder immer Klavierstunden gewünscht, obwohl mein Mann und ich vollkommen unmusikalisch sind. Aber wie reizend vorzeigbar sind Sechsjährige, die »Freude schöner Götterfunken« klimpern. Mein Mann fand das stets affig – meinen noch viel übertriebeneren Literaturfetisch winkte er hingegen anstandslos durch. Ich habe meinen Kindern alle, wirklich alle griechischen Sagen vorgelesen, die *Bürgschaft*, den *Zauberlehrling* und auch die *Brüder Löwenherz*. (»Mama, das Buch kannst du ja gern vorlesen, aber geht das auch ohne Weinen?«, fragte mich mal Oskar. Dass die Mutter beim Vorlesen heulte, die Kinder aber nicht, verstand er nicht.) »Wieso sagst du nichts zum Vorlesen, aber findest das

Klavierspielen Zeitvergeudung?«, fragte ich mal meinen Mann. »Weil du ein Buch bist«, antwortete er, »und niemals ein Klavier wirst.«

Noch heute gibt es in Wirtschaftsbüchern den »Veblen-Effekt« – eine Prestigesteigerung durch Preiserhöhung. Apple-Computer sind wertvoll, weil sie mehr kosten als andere Computer. Der »Perfekte Bleistift« von Faber-Castell kostet mindestens 200 Euro – wäre er günstiger, würden ihn nicht so viele Kunden kaufen, weil er nicht mehr in demselben Maße Prestige brächte.

Jutta von Bode ernst zu nehmen heißt, sie in einem Wertekorsett zu sehen, das eine jahrhundertelange Tradition hat. Und diese Tradition ist viel mehr als bloße Konvention: Sie ist Identität, die weit über eine Familienidentität hinausgeht. Sie ist Standesidentität – und das ist nicht dünkelhaft gemeint, sondern durchaus auch mit Auflagen und Zwängen verbunden. So ist Gemeinsinn für sie nicht etwa eine Floskel oder ein Inszenierungsmerkmal, sondern fußt auf den Grundwerten ihres Selbstverständnisses: Man stellt sich in den Dienst einer größeren Sache, demütig und selbstbewusst zugleich. Diese Kombination aus Bescheidenheit und Traditionsbewusstsein ist Segen und Fluch zugleich: Segen deshalb, weil man immer weiß, wo man steht, Fluch, weil man nicht einen Zentimeter von den geforderten Ansprüchen abrücken darf.

Dass Jutta zum Beispiel mehr Karriere machte als ihr Mann, wäre undenkbar – schon allein deshalb, weil er dann erheblich in ihrer Achtung sinken würde. Vor Jahren gab es ein lustiges Experiment in einer Zeitschrift – wo, das weiß ich nicht mehr genau: Da postete ein junger, sympathischer Mann eine Kontaktanzeige und bekannte sich offen dazu, dass er gern Haushalt und Kinderbetreuung übernähme und eine Frau suche, die Karriere machen wolle und der er den Rücken freihalten könne. Der Mann bekam genau zwei Zuschriften. Ein Mann, der einer Frau den Rücken freihält, ist wohl ebenso unattraktiv wie eine Frau, die übermäßig viel Karriere machen will – dabei würden beide gut zusammenpassen.

Für Jutta sind Schlagworte wie »Feminismus«, »#MeToo« oder »Emanzipation« abschreckend, weil sie suggerieren, dass sie irgendwie falsch liegt mit ihrem Wunsch, die Kinder aufwachsen zu sehen, die Familie zu managen und daraus Sinn zu ziehen. Und gleichzeitig lebt sie in einer Welt aus Familie, Verwandten, Freunden, Bekannten, die eben genau diese Einstellung schätzen und wichtig finden. Also muss sie sich entscheiden zwischen Wertebewahren und Moderne. Fragt man Jutta nach ihrer Einstellung zum Feminismus, ist sie eindeutig: »Ich kann damit nichts anfangen«, sagt sie, »man muss doch nicht zwangsläufig nichtfeministisch sein, nur weil man sich auf weibliche Werte besinnt und sie in Abgrenzung zu männlichen Werten definiert.«

Der austroamerikanische Autor, Philosoph und Theologe Iwan Illich würde sie zu dieser These beglückwünschen, lebte er noch. Als Kind ging Illich bei Freuds ein und aus – was jetzt noch nicht unbedingt eine Qualifikation darstellt, aber auch keine ganz schlechte Referenz. Weil er wie Freud Jude war, musste er nach dem Anschluss Österreichs an das Deutsche Reich das Land verlassen, studierte Chemie, Geschichte, Theologie. 1951 wurde er zum katholischen Priester geweiht und arbeitete danach im Vatikan. 1969 legte er sein Amt als Priester nieder und wurde zehn Jahre später Gastprofessor in Kassel, Marburg, Oldenburg und Bremen. Er beschäftigte sich zeitlebens mit der Frage: Wann passt ein Beruf?

Zusammengedampft – und ich hoffe, ich verprelle mit meiner grobschlächtigen Verkürzung keinen Philosophen oder Soziologen – machte er die Industrialisierung für die desolate Gleichberechtigung zwischen Mann und Frau verantwortlich. Früher, und diesen Zeitraum datierte er bis zum 11. Jahrhundert, gab es Frauen, die Frauenwerkzeug, und Männer, die Männerwerkzeug benutzten. Die Frauen schnitten das Brot mit der Schneide körperzugewandt, die Männer körperabgewandt,[5] jeder arbeitete für die gemeinsame Existenz. Vom 11. bis zum 17. Jahrhundert lockerten sich die »Fesseln zwischen Werkzeug und Geschlecht«, und nun begann die dritte Periode, »die Herrschaft des ökonomischen Sexus«,[6] woraus sich wiederum der Kapitalismus entwickelte. Dieser unterschied nicht mehr zwischen Männern und Frauen, sondern nur zwischen Arbeitskraft und Ertrag. Frauen mussten auf einmal Männern gehorchen, wo sie früher autark waren, Unzufriedenheit, Scheidung, ein Verlust von weiblicher Eigenständigkeit waren die Folge.

Illich war in späten Jahren mit einer der emanzipiertesten deutschen Intellektuellen der damaligen Zeit zusammen: Barbara Duden. Frauenfeindlichkeit kann man ihm somit nicht vorwerfen. Er versuchte, die Rechte der Frau zu stärken, indem er sie aus einer vermännlichten Arbeitswelt herausholte und sie in einem eigenen Kosmos verortete – wie etwa in geschlechtergetrennten Schulen, wo Mädchen auf einmal Interesse an den »männlichen« Naturwissenschaften entwickeln. Und ebenso wie bei geschlechtergetrennten Schulen stellen sich auch bei Illich Fragen: Findet eine Frau ihre Identität *schneller* im Urweiblichen? Ist die Arbeitswelt tatsächlich ihren Bedürfnissen nicht angemessen?

Für manche Frauen mag das sicherlich so sein – und Jutta ist ein Paradebeispiel, auf folgende Fragen eine Antwort zu finden:
- Was macht Sie aus? Und was Ihre Familie?
- Was ist für Sie Arbeit?[7]

- Ist für Sie Tradition wichtiger als Mode? Und warum?
- Was ist für Sie weiblich? Was macht Ihren Partner männlich?
- Wenn man ihr diese Fragen stellt, antwortet sie fast automatisch mit ihren Wertvorstellungen und Einsichten. Posen geht nur bedingt. Auch wenn man sie nach ihrer Hochzeit fragt, nach Erziehungsgrundsätzen oder nach Kinderbüchern, die ihr etwas bedeuten, wird sie mit Wertvorstellungen antworten. Also brauche ich Berufe und Branchen und Zielgruppen, die diesen Wertvorstellungen entsprechen. Um es mal platt zu karikieren: Streetworker, die mit Schulverweigerern arbeiten, sind nicht die allererste Zielgruppe, die zu Jutta von Bode passen.

Es sind nicht die Mütter, um die man sich beruflich Sorgen machen muss

Susanne Eckes, Trendsoziologin aus München, ist so etwas wie ein Trüffelschwein des gesellschaftlichen Wandels. Ständig auf Reisen, aber manchmal übertreibt sie es damit etwas, wenn sie Kinder und Ehemann zum Beispiel für ein sechsmonatiges Sabbatical aus ihrem München-Schule-Arbeit-Rhythmus rausreißt – und wenn sie es dann zu viert wunderschön haben, während sie in Afrika Elefantenkacke wegfegen und in Australien moderne Kunstmuseen besuchen. Eckes ist so etwas wie eine schöne Wikipedia: Randvoll mit Wissen, man muss ihr nur die richtigen Stichworte geben. Und bei dem Stichwort »Wie machen es denn andere Länder?« legt sie gleich eine promotionswürdige Ländervergleichsabhandlung hin.

Platz eins im Vorbild moderner Gleichberechtigung ist Island:[8]
Seit Jahren steht dieses kleine Land auf Platz eins des Gleichberechtigungsindexes laut Global Gender Gap Index 2017. *Was bedeutet das für uns?*
Deutschland ist auf Platz 12, hinter Ruanda. Warum dahinter, weiß ich auch nicht. Ich weiß aber, weshalb die Isländer so fortschrittlich sind. Für Equal Pay und Chancengleichheit kämpfen die nämlich schon seit Jahren, genauer seit 1975, dem legendären »Langen Freitag«, an diesem Tag gingen 90 Prozent (so viele Zuschauer hatte *Wetten, dass …?* nicht mal zu Thomas-Gottschalk-Hochzeiten) aller Frauen auf die Straße.

Welche Folgen hatte das?
Die Männer mussten zwangsläufig ihre Kinder mit ins Büro nehmen, Fertigwürstchen waren ausverkauft, es musste für viele die Hölle gewesen sein, aber es brachte zum Nachdenken. Und heute gibt es bereits Gleichstellungsunterricht an allen isländischen Schulen. Es gibt seit 2018 ein Lohngleichstellungsgesetz und 26 bis 39 Prozent aller Vorstände sind in Island weiblich, je nach Unternehmensgröße. Da können wir uns nicht nur eine Scheibe abschneiden, wir könnten davon gleich eine ganze Wurst kaufen.

Warum ist Island denn so weit vorn? Ist es denn mit dem bloßen Ändern der Gesetze getan?
Nein, ich glaube, es liegt eher an dem frühen Unterricht, den es in Island gibt. Durch eine frühe Bewusstseinsbildung wird am nachhaltigsten eine Kultur geändert. Wenn man

wie bei uns mit einer Entgelttransparenz anfängt, das wirtschaftliche Gender-System zu revolutionieren, zäumt man das Pferd am Schwanz auf; für diese Transparenz sind wir einfach noch nicht weit genug. Und die meisten Mütter wollen ja auch gar nicht mit dem französischen Vorbild tauschen. Also, bei aller Gleichberechtigung: Das will ich auch nicht. Und Deutschland hat viel für die Gleichberechtigung getan.

Nenn mal ein paar Beispiele ...
Es gibt Unternehmen, zum Beispiel den Metallfederhersteller Pieron in Bocholt, der hat über 46 Prozent weibliche Azubis, und das bei einer bundesweiten Quote von gerade mal mickrigen 9 Prozent in der Metallindustrie. Warum ist das so? Weil die Geschäftsführerin Gisela Pieron nach dem frühen Tod ihres Mannes Anfang der Neunziger sich selbst in einer Männerwelt zurechtfinden musste und beschloss, die Chancen und vor allem das Arbeitsklima für Frauen wie Männer in dieser Branche positiv zu gestalten. Das ist das Gegenteil von Mansplaining: Dicke, alte, weiße Männer erklären mir die Welt. Es gibt in diesem Unternehmen vergleichsweise wenig Posing-Kultur, und in einem solchen Kontext fühlen sich Frauen eimfach wohl, auch nach der Baby- und Elternzeit.

Es gibt Organisationen wie Edition F oder Pinkstinks, die für eine Gender-Education sorgen, und das auf ausgesprochen femininen Pfaden. Und wir haben in Deutschland immer mehr weibliche Role-Models, die vorleben, dass Muttersein und Karriere sich nicht ausschließen muss. Barbara

Schöneberger, Charlotte Roche oder auch Heidi Klum. Aber keine Frage: Noch sind es viel zu wenige ...

Welche Branchen sind Trendbranchen?
Die Frage müsste eher heißen: Was sind Trendregionen? Und da muss man deutlich den Schwarzwald nennen. In dieser heute eher strukturarmen Gegend *muss* man durch den ständig wachsenden Fachkräftemangel innovativ sein. Mit 10-Stunden-Teilzeitjobs, einer guten Altersvorsorge, einer guten Kantine. In solchen Landstrichen funktioniert Gleichberechtigung, weil sie funktionieren muss.

Das Zukunftsinstitut datiert ja immer wieder Megatrends: Gesundheit, Konnektivität, Nachhaltigkeit, Individualisierung. Welcher ist denn für eine zukunftsweisende Jobsuche am schlausten?
Es werden Solution-Worker gesucht. Leute, die Lösungen anbieten. Wenn man mal in einem aktuellen *Focus* blättert, »Die 100 zukunftsträchtigsten Jobs«, dann findet man eine reichhaltige Liste von lauter Support-Jobs: Da gibt es Mental-Coaches, Drohnenpiloten, Medical Advisor, Feel-good-Manager, Social-Media-Coaches, Agile-Manager, Scrum-Master, Storyliner – alles Berufe, die die künstliche Intelligenz noch nicht ersetzen kann, weil sie Flexibilität und Kreativität und Empathie benötigen. Nebenbei Eigenschaften, die Frauen in sehr viel höherem Maß nachgesagt werden als Männern.

Also, als Trendforscher muss ich eigentlich sagen: Es sind nicht die Mütter, um die man sich beruflich Sorgen machen muss, es sind eher die Disponenten, die Controller, die Finanzdienstleister, denn diese Tätigkeiten kann man eher einen Computer simulieren lassen.

Also können wir ganz getrost abwarten, bis sich die Emanzipation vollzogen hat?
Leider nicht. Man muss schon etwas dafür tun. Das zeigen uns auch die Isländerinnen, die 2016 noch einmal auf die Straße gingen, um gegen den weiter bestehenden Pay-Gap zu demonstrieren. Sie können sich aufgrund ihrer Anzahl schneller und besser zusammenschließen. Um eine Bewegung und einen Wandel in großem Maße starten zu können, hilft oft eine Begrifflichkeit, um wirken zu können: #MeToo war ein grandioser Name, weil er so viel substituiert, Mansplaining ist auch genial, und selbst ein umgewandeltes Zitat funktioniert gut. Kennst du noch die Kampagne Alice Schwarzers »PorNO!«?

Ja. Schwarzer prangerte in Emma *das Pornogeschäft und seine Produzenten an.*
Ja, und genau aus dieser Überlegung gibt es seit 2009 den »PorYes«-Award. Frauen produzieren eigene Pornos, mit selbst gecasteten Schauspielern. PorYes steht für sexpositive Darstellungen der Lust aller Geschlechter, das heißt, für authentische Darstellungen sind dabei Frauen auf allen Ebenen des Produktionsprozesses erwünscht. Wer von beiden ist jetzt emanzipierter? Die PorNO oder die PorYes?

Gabriele, 38, ist ein anderes Beispiel. Früher Schulsprecherin und Leiterin einer Pfadfindergruppe, heute dreifache Mutter auf der Suche nach Sinn. Sie hat jahrzehntelang in der Bank gearbeitet, in der Kundenberatung. »Uns wurden Anfang der Woche Verkaufsziele genannt, die hatten wir abzuarbeiten. Fast hätte ich gesagt: egal wie.« Jetzt, mit den Kindern, geht das nicht mehr, und das Grübeln nimmt zu. »Ist das immer noch das, wozu ich stehe? Was ich auch gern auf einer Gartenparty erzähle, wenn mich jemand fragt: ›Und was machst du so, beruflich?‹ Seit ein paar Jahren weiche ich aus und sage immer: ›Zurzeit bin ich Vollzeitmutter. Und das auch total gern.‹«

Zusammen mit ihrem Mann ist sie sich einig, dass sie etwas Neues braucht. »Ich will nicht meinen Kindern Ethik beibringen, dass sie auf jüngere Kinder Rücksicht nehmen, und dann selbst alten Frauen Anlagefonds verkaufen, hinter denen ich nicht mehr stehe«, sagt sie. »Ich kann mich nur dann glaubwürdig vor meinen Kindern erleben, wenn ich auch in meinem Beruf dieselben Werte lebe.«

Unsere Idee für Gabriele: ein Seitenwechsel – von der Bank in die Schuldnerberatung. Tatsächlich eine passende Idee, denn sie hatte sogar ein so gutes Standing, dass ihr Chef sie sogar auf Kosten der Bank weiterbilden lassen wollte. Heute gibt Gabriele Schuldenpräventionskurse an Schulen, im Auftrag ihrer Bank. Damit hat sie immer noch die gewünschte Festanstellung, aber ist weg von diesem Heuschreckenimage. Nun helfen ihr das Know-how und der Bankerjargon ungemein, wenn sie für andere verhandeln muss. Und sie weiß, dass sie künftig auf der guten Seite der Macht steht.

Gabriele musste sich ihre Identität erst mühsam erdenken: Wer will ich sein? Wofür stehe ich? Für Jutta von Bode ist diese Frage dank ihrer Herkunft schon am Tag ihrer Geburt beantwortet. Wenn wir etwas Passendes für sie finden wollen, müssen wir auf zwei Dinge achten: Erstens dürfen wir es uns nicht so einfach machen und »Zurück an den Herd!« trompeten – dazu ist Jutta viel zu gebildet und viel zu anspruchsvoll. Und zweitens müssen wir auf ihre Wertvorstellungen große Rücksicht nehmen. Sie sind der große Schatz, den sie in sich trägt und der uns den Weg zu einer passenden Idee weisen wird.

Der Psychoanalytiker Fritz Riemann hat 1961 das Buch *Grundformen der Angst* veröffentlicht. Er unterteilte in seinem Klassiker den Menschen in vier verschiedene Persönlichkeiten: den schizoiden, den depressiven, den zwanghaften und den hysterischen Typus. Der zwanghafte, wertbewahrende Typ, zu dem etwa Jutta oder Gabriele gehören, strebt nach Dauer, ein Leben lang: »In der Vorstellung der Zeitlosigkeit, Ewigkeit und Allgegenwärtigkeit eines Göttlichen hat sich der Mensch dieses Bedürfnis nach Dauer erfüllt«, schrieb Riemann. Und auch Nichtreligiöse leben diesen Wunsch aus, indem sie sammeln und nie fertig sind, neue Erfahrungen meiden oder sie an Bekanntes anpassen, kritisch bis zögernd sind und in Krisenzeiten wenig einsichtig.

Riemann unterschied kranke Menschen und gesunde Menschen mit zwanghaften Strukturanteilen. Diese waren für ihn »Stützen der Gesellschaft«: »Stabilität, Tragfähigkeit, Ausdauer und Pflichtgefühl. Er ist strebsam und fleißig, planvoll und zielstrebig; da er meist auf weite Ziele ausgerichtet ist, interessiert ihn mehr, was er erreichen will, als was er schon hat, weshalb er oft die Gegenwart zu wenig genießen versteht.« Und weiter: »Solidität, Korrektheit, Zuverlässigkeit, Beständigkeit und Sauberkeit, auch im übertragenen, sittlichen Sinn, gehören zu seinen Tugenden.«

Riemann machte eine Menge Berufe aus, die für diesen Typus Mensch geeignet sind: Berufe, die mit Macht verbunden sind, oder Berufe, in denen es auf Genauigkeit, Präzision und Verantwortung ankommt, etwa Beamte, Handwerker, Naturwissenschaftler, Juristen, Chirurgen, Finanzbeamte, Bankiers, Pädagogen und Geistliche, Systematiker, Historiker, Politiker in allen Facetten.

Uns hilft Riemann beim Job-Profiling oft, weil er uns lehrt, Potenzial zu bergen und zu verwerten. Ein zwanghafter Typ ist als Ingenieur brillant, im Kindergarten dagegen ständig überfordert, weil es dort viel Improvisationspotenzial gibt. Und so hilft Riemann auch, sich vom Kreativitätszwang, wie ihn der hysterische Typus bevorzugen würde, zu befreien. Nicht jeder Marketingchef muss ein Barkassenkapitän werden, nur damit es hinterher einen so schönen Überraschungseieffekt gibt.

Und was raten wir Jutta nun? Sie sollte vielleicht noch einmal studieren, ein kleines Add-on zu ihrem BWL-Zweig: Stiftungsmanagement in Hamburg. Das ist ein Fach, das die herkömmliche Betriebswirtschaft ergänzt und auf die vielen individuellen Herausforderungen von Stiftungen, Vereinen und Non-Profit-Organisationen eingeht. Damit erweitert sie ihren Lebenslauf, aber verlässt ihn nicht völlig. Außerdem verschafft ihr das Studium ein wenig Zeit, um ihre Kinder am Nachmittag betreuen zu können. Der Standort ist günstig, denn Hamburg ist Stiftungshauptstadt. Und mit ihrem adligen Auftreten und Namen hat Jutta das, was man eine natürliche Autorität nennt, wenn es darum geht, eine Stiftung nach außen zu repräsentieren. Die Werte, die ihr wichtig sind, kann sie sich in den Organisationen, bei denen sie sich bewirbt, explizit aussuchen. Zwar kann und muss sie bei dieser Tätigkeit auch präsentieren oder repräsentieren, aber immer im Sinn einer guten Sache – es geht nicht darum, sich selbst in den Vordergrund zu drängen. Die überschaubaren Betriebsstrukturen, die eine Stiftung meist hat, entsprechen ihrem Wunsch nach einem vertrauensvoll zusammenarbeitenden Team, das nicht mit Ellenbogen um die nächste Beförderung kämpft. Ihre Solidität und Beständigkeit sollte sie im Bewerbungsgespräch unterstreichen, und das ein oder andere Netzwerk kann dabei ebenfalls von Nutzen sein.

Jutta-Ideale kann jede Frau in ihr eigenes Leben leicht integrieren, ohne gleich Stiftungsmanagement studieren zu müssen. Der Hirnforscher Manfred Spitzer legt in seinem Buch *Einsamkeit* eine beeindruckende Zahl dar: Wer ein Ehrenamt ausführt, wird biologisch gesehen fünf Jahre jünger – dabei ist unerheblich, wie oft man dieses Ehrenamt ausübt. Es gibt in jeder größeren, deutschen Stadt Ehrenamtsbörsen, die auch sehr sporadische Angebote zum Helfen haben. So gibt es die Möglichkeit, sich mit Flüchtlingen oder Neuzugezogenen ein- bis dreimal zu treffen, um ihnen die Stadt zu zeigen. Oder die Möglichkeit, einmalig bei der Vorbereitung von Festen mitzuhelfen – oft tun wir Mütter dies bei Kita-Festen ohnehin, nur haben wir diese Tätigkeit nie als Ehrenamt für uns abgespeichert, sondern eher als: »Muss auch gemacht werden.« Suchen wir uns eine Tätigkeit außerhalb unserer Komfortzone, fühlt sich Helfen gleich viel mehr wie Helfen an.

Für Leute, die von sich sagen: »Oh, nein, für Ehrenamt bin ich gar nicht«, lautet mein Lieblingsvorschlag: die Begleitung der Geschwister von kranken Kindern. Die, um die man sich immer zu wenig kümmert, weil das kranke Kind im Fokus steht, sind die dankbarsten Zielgruppen: bescheiden, still, funktionierend. Und dann gehen Sie mit diesen Kindern einmal ins Kino oder kaufen in irgendeinem Konsumschuppen schnellverderbliche Sofortbefriedigung. Wahnsinn!

Annika Prenzelberg: Vielleicht ein Müttercafé?

»Tach, ich bin die Annika, darf ich rein?«, so stellt sich eines Tages eine junge Berlinerin vor, jung, keck, blond, individuell gekleidet, ein bisschen wie Heike Makatsch in jung. Sie hat ihren eigenen Detox-Drink mitgebracht, wir räumen schnell die böse Ferrero-Schokolade weg (»Die ist böse, wissen Sie das nicht? Die beuten Kinder in der Türkei zur Haselnussernte aus. Außerdem benutzen die ganz oft Palmöl, das ist auch böse.«) und bieten Tee »mit handgefertigten Teebeuteln« an. Sebastian lässt sein Jackett in der Garderobe hängen, und ich ziehe schnell die Schuhe aus. Wir wollen bloß nicht als Finalspießer[9] gelten. Denn wir wissen: Wenn man einer Annika Prenzelberg mit zu viel Konventionen begegnet, zieht sie sich zurück in ihr Schneckenhaus oder kommt gar nicht erst daraus hervor.

Wir plaudern erst einmal so. Aufgewachsen ist Annika in Kassel mit zwei älteren Brüdern. Ihre Mutter war Kontrolleurin im Gesundheitsamt, ihr Vater arbeitete bei der Post. Eine ganz normale Kindheit mit *Wetten, dass …?* am Samstag und *Denver Clan* am Mittwoch. »Oder kam da *Dallas*? Das weiß ich gar nicht mehr genau. *Denver* hatte jedenfalls die viel besseren Kleider. *Dallas* war spießig.«

Na bitte, spießig: Hier kommt ihre größte Befürchtung, Annika will nie, nie, nie wieder zurück nach Kassel, selbst der touristische Hype dort um die Gebrüder Grimm nervt sie. »Das wird ja nur wegen des Kommerzes gemacht. Richtig authentisch mag man dort die Märchen nicht.« Und sie? Hat sie ein Faible für Märchen? »Nein, die sind mir zu brutal für meine Tochter. Sie ist erst vier, und ich weiß nicht, ob ich ihr jemals eines vorlesen würde. Eher nicht. Lotta mag lieber Comics und Geschichten von starken Mädchen.«

Während sie erzählt, trinkt sie von ihrem Petersilie-Kokosnuss-Detox-Drink und eines der Rätsel, die ich an diesem Tag für mich nicht klären kann: Warum das Zeug schmeckt. Sie hat uns probieren lassen: Petersilie, Kokosnuss, Grünkohl, Orange. Es war unfassbar, wer denkt sich solche Geschmacksrichtungen

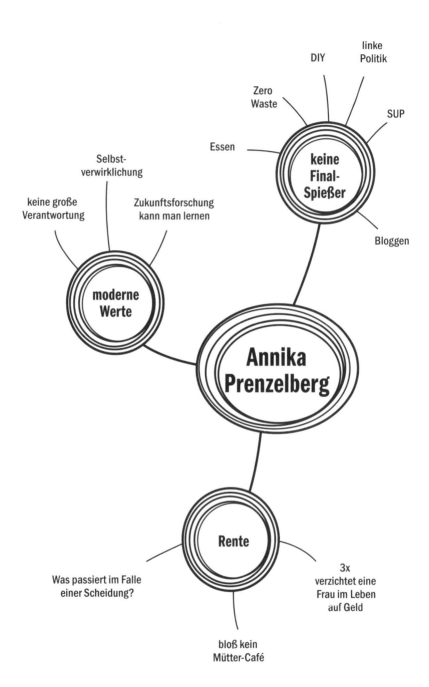

aus? »Ich habe eine App, in die gibt man seine Kühlschrankreste ein, und heraus kommt das maximal Gesündeste, das maximal Billigste, das maximal Haltbarste, wenn man zum Beispiel am nächsten Tag nicht gleich wieder kochen will«, erzählt sie und fügt grinsend hinzu, dass manchmal »maximal billig« und »maximal gesund« dieselben Rezepte sind. Auf jeden Fall vermeidet sie auf diese Weise »Restmüll« – und das ist ihr ein wichtiges Thema. Ihre Nachbarin lebt Zero Waste, und seitdem Annika sieht, dass dort pro Monat kaum eine Cornflakes-Packung voll Müll übrigbleibt, hat sie ebenfalls angefangen, Müll zu vermeiden.

Annika hat Empirische Kulturwissenschaften in Tübingen studiert. Danach zog sie gleich nach Berlin, auch weil Berlin eine starke Schwaben-Connection hat – viele ihrer Freunde waren schon dort. In Berlin lernte sie Fred, ihren Mann, kennen, der als Grafiker in einer Kommunikationsagentur arbeitet. Zusammen lebten sie fünf Jahre in einer WG, bevor sie beschlossen, eine Familie zu gründen. Verheiratet sind sie nicht. Die einzige Tochter ist heute zwei Jahre alt, Annika steht am Ende ihrer Elternzeit.

Sebastian schaut mich warnend an: »Bitte nicht die Rottenmeier«, sagt sein Blick. »Geh gnädig mit ihr um.« Er weiß genau, dass Annika mein Lieblingsthema angeschnitten hat, und er befürchtet einen Schneckenrückzug. Ich suche eine Schutzpatronin, die ich vorschiebe. Vielleicht mildert Helene Klaar die Vorwürflichkeit ein bisschen. Helene Klaar sieht aus wie Klementine aus der Ariel-Werbung der Siebziger, aber sie ist eine renommierte Scheidungsanwältin und vertritt ein Scheidungsrecht, das hochmodern und emanzipiert ist: Die Ehe sei in ihrer Regelmäßigkeit mit dem Schlossgarten von Schönbrunn vergleichbar, mit seinen gestutzten Bäumen und hübschen Alleen. Die Lebensgemeinschaft aber sei die Prärie: Dort gelte das Recht des Stärkeren.

»Ich bin überzeugt, dass die 40-Stunden-Woche viel dazu beiträgt, dass die Menschen unzufrieden sind. Man kann nicht 40 Stunden arbeiten und daneben einen Haushalt führen und die Kinder unterhalten«, sagt Helene Klaar in einem Interview mit dem *Süddeutsche Zeitung Magazin*[10] und nimmt damit schon mal große Teile des weiblichen Genügenmüssens auseinander. Man kann sich gut vorstellen, wie man dieser Hornbrillen-Klementine gegenübersitzt und sie einem völlig sachlich erklärt, dass Liebe keine Grundlage für eine Ehe sein muss. »Finde ich auch«, sagt Annika, »Fred ist mit mir zusammen, weil wir uns mögen, und nicht, weil es Steuervorteile gibt.«

Ja, aber du bist die Leidtragende, Annika! Laut Statistischem Bundesamt gab es 2,8 Millionen nichteheliche Lebensgemeinschaften im Jahr 2015, so viele wie noch nie.[11] Ein Drittel aller Kinder werden heute außerehelich geboren. 40 Prozent aller Ehen scheitern.[12]

In Berlin ist mittlerweile nur etwa die Hälfte aller zusammenlebenden Paare miteinander verheiratet. Solange beide voll arbeiten, kinderlos, womöglich noch mit getrennten Konten, spricht nichts dagegen. Aber wenn die ersten Kinder kommen, steht die Frau ohne jede Absicherung da. Sie ist buchstäblich das finanzielle Opfer dieser modernen Zusammenkunft. Auf die Frage, ob tatsächlich immer die Frauen die Leidtragenden seien, sagt Helene Klaar: »Sind sie meistens auch. Weil sie nicht die Macht haben. Weil sie nicht das Geld haben. Ich kann Ihnen tausend Beispiele nennen. Die Frau, die gekocht und geputzt und die Kinder betreut und gearbeitet und gespart und sich gefreut hat auf die Zeit, in der sie zusammen die Rente genießen, die dann erfährt, dass er sich in eine andere, jüngere verliebt hat. Eine meiner Klientinnen, die einen guten Job hatte und einen Mann im Rentenalter, schied zum frühestmöglichen Zeitpunkt aus ihrer

Firma aus. Ihr Mann hatte sich gewünscht, dass sie auch in Rente geht, wenn er geht. Nachher stellte sich heraus, dass er schon eine andere hatte, als sie kündigte. Er wusste, dass er bei nächster Gelegenheit weg sein würde. Wenn er ihr das gesagt hätte, hätte sie noch fünf Jahre arbeiten können und ihr Aktivgehalt gehabt. Plus: eine höhere Rente. Für Frauen ist die Scheidung meistens ein existenzielles Problem, für einen Mann ein finanzielles.«

Und Klaar ist Scheidungsanwältin, Annika könnte sie mit nichts helfen, denn sie steht völlig mittellos da, sollten sie und Fred sich eines Tages trennen. Natürlich wünschen wir ihr das nicht, aber in Großstädten wie Berlin wird jede zweite Ehe geschieden, die Trennungsquote von nichtehelichen Gemeinschaften ist noch höher. Selbst das Scheidungsrecht, das von der rot-grünen Regierung 2008 geändert wurde, ist unglaublich ungerecht zulasten der Frauen: Sobald das jüngste Kind drei Jahre alt geworden ist, ist es der Frau zuzumuten, dass sie wieder voll arbeitet und damit nicht mehr unterhaltspflichtig ist. Wie fies ist das denn, bitte? Ich weiß, dass ich, als meine Jüngste drei Jahre alt war, oft verträumt auf meinen Mann geschaut habe und dachte: Puh, jetzt bloß keine attraktive Krankenschwester, in die er sich vergucken könnte.

Klaar meint dazu: »Zu sagen, wir wollen, dass die Frauen schnell wieder arbeiten, darum nehmen wir ihnen den Unterhalt, schiebt der Frau das Risiko zu, wieder einen Job zu finden. Wenn man wirklich wollte, dass Frauen dem Arbeitsmarkt erhalten bleiben, müsste man die Unterhaltsansprüche erhöhen und nicht abschaffen. Wenn es für den Mann nach der Trennung teuer wird, weil sie nicht erwerbstätig ist, wird er sagen, ich bringe die Kinder in den Kindergarten, und du arbeitest weiter. Denn wenn beide gleich verdienen, muss er nie Unterhalt zahlen. Aber er muss vorher was dafür leisten.«

Eheverträge lehnt Klaar ab, denn die schließe man, bevor man heirate. Der schlechteste Zeitpunkt. Gerade ausgebildete junge Frauen, die ein gutes Einkommen hätten, könnten sich nicht vorstellen, dass sie jemals in ein Abhängigkeitsverhältnis von ihrem Mann gerieten wie ihre Mütter oder ihre Großmütter. »Die unterschreiben stolz, dass sie auf Unterhalt verzichten, denn wenn der Mann sie nicht mehr will, möchten sie nicht von seinem Geld leben und finden es unappetitlich, die Hälfte seines Sparvermögens zu beanspruchen. Nur: Wenn die Frau Kinder kriegt und nicht arbeiten geht, hat sie nichts Erspartes. Und wenn er kontrolliert, was sie kauft, wenn er ihr die Strumpfhosen und den Lippenstift verbietet, merkt sie, was sie da unterzeichnet hat. Die meisten Eheverträge werden auf Wunsch des gut verdienenden Mannes geschlossen und sind Verzichtserklärungen von Frauen.«

Habt immer so viel Geld auf der hohen Kante, dass ihr zur Not die Koffer packen könntet ...

Man möchte diese Frau in eine kleine Voodoo-Puppe verwandeln, die all den Frauen Mut macht, die zögern und zagen, die hadern und verhandeln: Brenner ist in ihrer Haltung klar und aggressiv. Im Zweifel kämpft sie für alle drei: sich selbst, ihre Tochter und ihre Wut ...

Ute Brenner,[13] selbstständige Unternehmerin aus Wien, fünfzehn Angestellte und das, was man wohl eine Networkerin nennt. Sie hat eine entzückende Tochter und vor allem eine entzückende Wut auf ihren Ex-Freund, von dem sie sich gerade getrennt hat. Ihr Mantra, mit dem sie aufsteht, frühstückt, lebt und zu Bett geht: Hauptsache, ich bin nicht von ihm finanziell abhängig geworden.

Du lebst gerade in Scheidung ...
Falsch, wir waren nie verheiratet, wir lebten ohne Trauschein. Vor anderthalb Jahren haben wir uns getrennt, besser gesagt, er hat sich von mir getrennt. Ich habe inzwischen einen neuen Lebensgefährten, und nun fordert mein Ex-Freund das volle Programm. Er zog vor Gericht und verlangte: das Aufenthaltsbestimmungsrecht, ein Umgangsrecht und die sogenannte Gesundheitssorge. De facto sieht das dann so aus: Du bekommst eines Tages Post vom Anwalt und hast sieben Tage Zeit, dich vor Gericht zu äußern, unabhängig davon, ob das Kind krank ist, man gerade schwierige Kunden hat oder im Büro alles drunter und drüber geht.

Ich brauchte innerhalb von zwei Tagen eine Anwältin, die Zeit hatte, sich das Problem anzuhören, zu erfassen, eine Stellungnahme zu verfassen und dann innerhalb von fünf Tagen diese ans Gericht zu bringen. Da schwellen dann schon mal die Organisationsadern an: Finde mal auf die Schnelle eine Anwältin, eine gute dazu, denn es geht ja um viel. Es geht um dein Kind, deine Zukunft, die nächsten zehn Jahre.

Die erste Anhörung vor Gericht habe ich gewonnen, in allen Punkten. Alle Behauptungen, die mein Ex-Freund gegen mich auffuhr, waren für den Richter nicht relevant, wenn es um das Aufenthaltsbestimmungsrecht unserer Tochter ging. Und trotz eindeutigem Sieg hat mich das Verfahren

4500 Euro gekostet. Geld, das ich nicht gehabt hätte, wenn ich nach der Geburt meiner Tochter aufgehört hätte zu arbeiten. Das heißt, in diesem Fall hätte ich dann beides verloren: mein Kind und den Job, den ich vorher freiwillig aufgegeben hätte ...

Was wiegt denn mehr: das Geld oder die Wut?
Eindeutig die Wut! Nicht nur über das Geld, mit dem man schöne Dinge hätte tun können, es ist vielmehr die Wut über die Ohnmacht, die ich manchmal spüre, obwohl ich gar nicht in einer so ohnmächtigen Situation bin. Vielleicht ist es eine Stellvertreterwut, wenn ich an alle Frauen denke, die sich nicht einen arschteuren Anwalt leisten können, die einfach in einer Ehe aushalten müssen, weil sie gar nicht wissen, wo sie im Falle einer Trennung hingehen würden. Die Wut über die ungerechtfertigte Missgunst meines Ex-Freunds auf meinen neuen Freund. Die Wut über meine eigenen Verlustängste, denn natürlich weiß man ja gar nicht, egal wie sorgfältig man sich vorbereitet hat, ob man den Prozess auch gewinnt. Ob der Richter einem glaubt, ob die Anwältin wirklich so gut ist, wie alle behaupten ... Diese Ohnmacht, gepaart mit Zeitdruck und Schuldgefühlen dem Kind gegenüber, das macht einen fertig.

Wärst du denn länger in der Beziehung gewesen, wenn du weniger Geld gehabt hättest?
Natürlich, auf jeden Fall. Ich war nie finanziell von meinem Mann abhängig – sondern habe mit meiner Selbstständigkeit alles immer auch selbst finanziert. Wäre ich angestellt

gewesen, in Teilzeit, womöglich noch in Elternzeit, dann hätte ich ja gar keine Chance gehabt, mich dünne zu machen. Dann hätte ich diese Beziehung noch fünf Jahre weiterleben müssen, ob ich gewollt hätte oder nicht. Abgesehen davon, dass sich ja mein Freund von mir getrennt hatte – also, man ist obendrein auch noch davon abhängig, dass einen der Partner nicht verlässt – gruselig. Wir haben uns getrennt, als wir nicht mehr konnten, und nicht dann, als unsere Tochter in die Pubertät kam.

Würdest du deine nächste Beziehung denn heiraten? Eventuell mit Ehevertrag?
Gute Frage. Klar würde ich heiraten. Aber einen Ehevertrag würde ich nicht machen. Das wäre so wie heiraten mit angezogener Handbremse, das ist nicht mein Ding.

Gibt es denn einen Tipp, den du anderen Frauen geben würdest, wenn ihr abends zusammen einen Prosecco trinken würdet?
Einen? Zehn! Aber mein Hauptrat würde lauten: Habt immer so viel Geld auf der hohen Kante, dass ihr zur Not die Koffer packen könntet ...

Wie viel wäre das denn konkret? 20, 30, 50 000 Euro?
Das ist nicht so zu beziffern, wohl aber zu konkretisieren. Also: Die eine Frau ist mit einer 30-Stunden-Woche gut beraten, sodass sie weiß: Notfalls bekomme ich uns über die Runden. Einer anderen würde ich raten: Sieh zu, dass dieser Job mindestens 1 800 netto einbringt, egal, wie viel du arbeitest. Einer dritten Frau würde ich vielleicht raten: Leg

was in guten Zeiten zurück. Ein halbes Jahr muss man auch ohne Geldverdienen zurechtkommen können ... In dieser Zeit kann man sich ein neues Umgangskonzept mit dem Kindsvater ausdenken, die Betreuung organisieren und sich eventuell einen Job suchen, der zu der individuellen Lebenssituation passt.

Machen Unternehmerfrauen etwas anders, wenn sie sich trennen?
Ja. Man holt sich von Anfang an eine gute Anwältin. Nicht irgendeine, sondern eine saugute. Weil man sich das wert ist und weil man sofort weiß: Dieses Mal geht es um die Wurst – egal, wie viel die jetzt kosten wird, das ist es wert. Diese Haltung haben Frauen, die jahrelang nicht im Job sind, nicht in dieser ausgeprägten Form.

Ich arbeite jeden Tag mit Mitarbeitern, Kunden, Dienstleistern zusammen, und nicht immer sind es schöne Gespräche. Aber eines kann ich als Resümee festhalten: Es schult fürs Leben. Man ist dann auch vor Gericht anders. Es gibt bestimmt auch Frauen in Nicht-Führungspositionen, die das ganz toll machen, aber generell wird man von Etsy-Filzen oder PEKiP-Kursen nicht so selbstbewusst, wie man es im öffentlichen Raum braucht.

Und deswegen war mein Job in mehrfacher Weise die Rettung: Er ernährt mich und meine Tochter, und unabhängig davon, ob ich für ihn brenne oder nicht. Er macht mich stark fürs Leben. Aber es gibt auch Möglichkeiten, sich starke Stellvertreter zu holen, wenn man das selbst nicht kann oder will. Sucht euch Unterstützung in Beratungsstellen, im Internet, zur Not auch in Selbsthilfegruppen, überall dort, wo ihr Unterstützung vermutet. Das seid ihr euch nämlich wert!

Was hast du aus der Trennung gelernt?
Eine Trennung mit Kind ist zehnmal so schlimm wie eine DINK-Trennung.[14] Aushalten ist niemals der richtige Weg. Konfrontation schützt auch einen selbst. So viel Selbstachtung kannst du in keinem Coaching-Seminar lernen.

Ich erkläre Annika, dass sie so, wie sie zusammenlebt, dreimal in ihrem Leben auf Geld verzichtet:
- *Zum ersten Mal,* wenn sie nicht arbeitet und für die Tochter da ist. Drei Jahre Elternzeit, vorher voll gearbeitet, das ist schon mal eine Summe von über 120 000 Euro. Ich weiß, da muss man das Elterngeld wieder abziehen, aber diese Summe wird ja meist für die Familie investiert und nicht für die Frau.
- *Zum zweiten Mal* verzichtet Annika auf Geld, wenn sie den teilzeitlichen Wiedereinstieg plant. Genau beziffern lässt sich das nicht, weil es davon abhängt, wie viele Stunden sie wieder arbeitet, ob sie noch ein Kind plant oder wie viel Fred an dem Modell mitarbeitet.
- *Zum dritten Mal* verzichtet sie bei der Rente auf Geld. Wer viele Jahre nichts oder nur Teilzeitbeträge in die Rentenkasse eingezahlt hat, ist zum Schluss die Dumme. Immer noch gilt die Faustformel: Männer haben gut doppelt so viel Rente wie Frauen, zumindest in Westdeutschland.

In jungen Jahren kann man sich leichter einschränken, so paradox das klingt. Der Urlaub kann auch auf dem Zeltplatz stattfinden, teure Ausbildungskosten für die Kinder fallen noch nicht an, und die eigene Gesundheit ist in der Regel ein überschaubarer Kostenfaktor: zweimal im Jahr Zahnreinigung, etwas Homöopathie, fertig. Im Alter kommen viele Zuzahlungen dazu, die weniger mit Luxus als mit notwendiger Lebensqualität zu tun haben. Meine Tante hat ein Hörgerät, bekommt gegen die Degeneration ihrer Augen teure Spritzen, hält mit Krankengymnastik ihre Hüftarthrose in Schach, und seit ihrem Oberschenkelhalsbruch ist ihr ein Treppenlift installiert worden. Von all den Ausgaben würde ich nie sagen, dass sie genusserweiternd sind – aber sauteuer, das sind sie allemal. Dazu kommen: sieben Enkelkinder, die einmal Weihnachten, einmal Geburtstag, einmal Zeugnistag und einmal – »Och, bitte, Oma, komm schon« – Geschenke wollen.

Wir machen eine Pause und lassen Annika überlegen, was ihr Worst-Case-Job wäre. Die Liste, die sie zusammenstellt, ist beeindruckend: Notärztin, Bundeskanzlerin, Feuerwehrfrau, Gefängnisdirektorin und Rechtsgutachterin, die darüber entscheidet, ob Strafgefangene frühzeitig entlassen werden. Knast und Kanzler und Medizin: Gibt es etwas, was diese Berufe verbindet? »Ja, die Verantwortung«, sagt Annika Prenzelberg. »Ich hasse es, Verantwortung zu übernehmen. Ich kann schon etwas organisieren oder jemand positiv inspirieren, aber den Druck, den diese Menschen haben, den würde ich nicht aushalten.«

Genauso schlimm wie Verantwortung ist für sie Bewertung. »Mein vorletzter Chef hat mich immer so angeschaut, als wäre jedes Gespräch ein Mitarbeiter-Feedback. Furchtbar. Ich habe nur wegen dieses Blicks gekündigt. In jeder Bewertung steckt auch der Wert drin, und ich will mich nicht *be-werten* lassen.«

Nicht bewerten, nicht binden, keine invasive Verantwortung. Die Werte, die Annika Prenzelberg mitbringt, lassen sich auch positiv so übersetzen: extrem flexibel und teamfähig, tolerant, sozial und modern.

Ihre Modernität zeigt sich besonders in ihren Hobbys – neben Zero Waste liebt sie die vegane Küche, Stand-up-Paddling, DIY, Pinterest und Etsy sowieso und hat seit einigen Monaten einen Mütterblog, der das Thema Zero Waste mit Kindern beleuchtet. Und modern ist auch ihre Definition von Politik: »Nein, ich bin ein ganz und gar unpolitischer Mensch«, sagt sie, und die Selbstsicherheit, mit der sie diese Untertreibung behauptet, rührt mich sehr. Es mag sein, dass Annika sich nicht für einen Listenplatz aufstellen lassen würde, aber ihre Lebenswerte sind per se politisch: Sie denkt und handelt nachhaltig, sie ist antikapitalistisch und ökologisch. Ich muss an den Satz von Ex-Bundeskanzler Helmut Schmidt denken: »Man muss das Programm einer Partei nicht zu 100 Prozent befürworten. 51 Prozent reichen.« Auf jeden Fall sieht sich Annika nicht als politisch denkender Mensch, das ist bei ihrer Selbstbeschreibung entscheidend.

Ich versuche, mir ihren vorletzten Chef vorzustellen, und heraus kommt so eine Mischung aus Horst Seehofer und Dieter Bohlen: konservativ, männerlastig, mitunter brutal. »Nein, er hatte schon ein Herz für uns Teilzeitmütter«, widerspricht Annika, »seine eigene Frau war ja auch eine. Aber diese ständige Bewertung hat alles kaputtgemacht.« Am liebsten, träumt sie, würde sie überhaupt keinen eigenen Chef mehr haben, sondern ihr eigenes Ding machen. Vielleicht mit einem Müttercafé?

Wieder schaut Sebastian warnend: Rottenmeier, halt an dich! Müttercafés stehen auf Platz eins der Beliebtheitsskala von Frauen, seit Jahren schon. Die Assoziationen, die sie damit verbinden, sind immer dieselben:

- »Da habe ich etwas Eigenes.«
- »Das kann ich hübsch einrichten.«
- »Niemand sagt mir, was ich tun muss.«
- »Die Gäste kommen freiwillig zu mir und sind in der Regel keine Freaks.«
- »Ich arbeite mit einem netten Team zusammen.«

»Ähhh, nein. Ein Müttercafé wird's heute nicht«, sage ich. Wir hatten von tausend Beratungen nur eine einzige Kundin, der wir ein Café vorgeschlagen haben – und das auch nur, weil sie so reich war, dass sie gleich die ganze Immobilie gekauft hat, in der sie das Café einrichten wollte. Müttercafés sind wahre Groschengräber. Die Industrie- und Handelskammer schätzt, dass 80 Prozent aller eröffneten Müttercafés innerhalb der ersten 12 Monate wieder schließen, und zwar vor allem aus drei Gründen: Die Inhaber bringen nicht genug Startkapital mit, haben keine Ahnung von Gastronomie und verzweifeln an der kaugummiartigen Zielgruppe – junge Mütter, die morgens um elf mit drei Kinderwagen das Café stürmen und sich drei Stunden an einem Soja-Latte festhalten. »Aber könnten Sie noch irgendwie das Gläschen hier warmmachen? Und wo sollen wir mit den Windeln hin – der Eimer auf dem WC ist schon voll?«

Frauen, die sich wünschen, ein Müttercafé zu eröffnen, verwechseln das schöne Gefühl, als junge Mutter in einem solchen zu sitzen und nicht allein zu sein, mit der Verantwortung, ein solches zu führen. Und das ist gar nicht so einfach:

- Wer ein Café betreibt, muss enorme Vorfinanzierungen leisten und sich an ganz viele Regelungen halten. Von den getrennten Toiletten angefangen bis zur Kücheneinrichtung, welche die Gewerbeaufsicht abnimmt. Vor allem bindet ein Café gerade in der Startzeit wahnsinnig viel Zeit. Auch wenn man Mitar-

beiter hat, muss man als Alleinverantwortliche sich um alles kümmern und im Zweifel doch am freien Tag kommen, wenn zu viele Gäste kommen oder die Aushilfe krank ist.
- Das Café hübsch einzurichten, das steht und fällt mit dem Geldbeutel. Ich behaupte, außer mir hat fast jede Frau Spaß an Inneneinrichtung – das ist deshalb auch unser Platz zwei in der Beliebtheitsskala. Man täuscht sich, wenn man denkt: Ich kann ganz günstig einrichten. Einrichten geht immer ins Geld, auch wenn es Secondhand-Ware ist.
- Ja, es ist richtig, wenn man Chef eines Cafés ist, sagt einem niemand, was man machen muss. Außer den Auflagenmeistern von der Gewerbeaufsicht, den Lieferanten, den Kunden, den Mitarbeitern, die am Samstag nicht arbeiten wollen, und dem Konkurrenzcafé, das zehn Meter weiter links aufgemacht hat.
- Gäste kommen freiwillig – aber genau das ist auch das Problem: An einem schönen Sommertag kommen sie nämlich gar nicht oder wenn es schüttet. Sie kommen auf jeden Fall, wenn das eigene Kind Zahnweh hat oder eingeschult wird oder wenn der Kuchen aus ist und man ganz schnell noch irgendwoher Ersatz braucht.
- Ein Café mit einem netten Team zu führen bedeutet: Ab und zu muss ich auch statt Sympathie Respekt einfordern, ab und zu muss ich Bestimmer sein, ab und zu muss ich unangenehme Dinge aussprechen. Wir hatten mal eine Schnellimbisslieferantin, die ihre Selbstständigkeit von A bis Z durchzog, mit allen Hindernissen und »Herausforderungen«, wie es heute so schön heißt. Ihre größte Herausforderung? »Dass ich das Team zusammentrommeln musste, weil ich wusste, einer hat aus der Kasse 200 Euro gestohlen«, sagt sie. »Nach dieser Zusammenkunft haben drei gekündigt, weil sie den Verdacht nicht ertragen konnten.«

Wer immer noch mit dem Gedanken spielt, ein Müttercafé zu eröffnen, sollte ganz pragmatisch ein nahegelegenes Café ansteuern und bitten, dort mal ein paar Tage mitzuarbeiten. Auch wenn man nicht die alleinige Verantwortung trägt, auch wenn man statt Möhren- lieber Rhabarbertorte anbieten würde, auch wenn das Interieur gruselig bieder ist, zeigt das Setting ganz schnell, worauf man sich einlassen würde, sollte man sich an eine solche Selbstständigkeit wagen.

Übrigens, nicht nur Müttercafés sind risikoreich, folgende Unternehmensideen sind es gleichermaßen: das Geschäft für Kindermode, der Laden für »schöne Dinge«, die Wellness-Oase, das Fotolabor, der Cupcake-Laden, der vegane Cupcake-Laden, der glutenfreie Cupcake-Laden, der Hunde-Coach, der Geschenke-Aussucher für Männer … All diese Ideen haben etwas gemeinsam: Man kann darin einen starken Wunsch nach Selbstverwirklichung erkennen – ein Wunsch, den besonders Mütter besonders häufig haben. Vielleicht liegt es an dem enormen Selbstaufgabedruck, unter dem sie stehen, wenn sie kleine Kinder haben; der Grad dieser Selbstaufgabe ist viel höher als bei Vätern. Gleichzeitig leben sie in einer Kultur, die einen Selfiestick für 3,99 Euro anbietet und in der jedes Mittagessen auf Pinterest gepostet wird, vorausgesetzt, es ist mit essbaren Blumen dekoriert. Wir lernen ständig, uns zu inszenieren, zu optimieren, zu präsentieren. Und dann, mit Kind, müssen wir uns zurückhalten, weil dieses Kind schreit, Hunger hat, eine volle Windel oder tausend andere Notwendigkeiten herhalten müssen, die es gerade nicht erlauben, uns mit den eigenen Bedürfnissen in den Vordergrund zu spielen. Mein Mann fragte mich vor sechs Jahren einmal, was ich mir zum Hochzeitstag wünsche. Ich sagte tatsächlich und ohne rot zu werden: »Dass du mir aufschreibst, was ich gut kann. Ich weiß das gar nicht mehr selbst.« Hat er auch gemacht – das war wie rote Rosen plus Vollmilchnuss.

In *Das Ende unserer Epoche* zählt der Ökonom Ernst Friedrich Schumacher Forderungen an unsere Arbeit auf. Das Buch ist 1980 erschienen und wirkt wie eine Maßanfertigung für Frauen wie Annika:[15] »Ich möchte mich nicht an der täglichen Jagd nach Geld unter Leistungsdruck beteiligen müssen. Ich lehne die Versklavung durch Maschinen, Bürokratien, Langeweile und Hässlichkeit ab. Ich will kein geistloser Roboter und Pendler sein. Ich will nicht das bloße Bruchstück einer Person sein. Ich möchte auf eigenen Füßen stehen. Ich möchte (vergleichsweise) einfach leben. Ich möchte mit Menschen zu tun haben, nicht mit Masken. Es kommt auf die Menschen, auf die Natur, auf Schönheit an, auf das Ganze. Ich möchte mich für etwas einsetzen können.«

Und bevor es ein Frauen-Bashing wird: Auch Männer verspüren zunehmend den Wunsch, nicht mehr Getriebener, sondern Treiber zu sein. Wir hatten 2018 bei uns fünf Kunden, männlich, finanzstark, mittelalt, die sich einem ganz und gar neuartigen Berufszweig verschreiben wollten: dem Männer-Coaching. Irgendwann stöhnte mein Kollege (mit in etwa ähnlichen Beschreibungsattributen: männlich, finanzstark, mittelalt): »Hilfe, es gibt gar nicht so viele männliche Kunden wie männliche Coaches.« Einer dieser Kunden war Guido, 45, feingeistiger Projektleiter bei der Commerzbank, früher bei einer namhaften Unternehmensberatung. Großstadtgewächs, verheiratet, zwei Kinder, und ein seltsames Hobby: Er schmiedet Gold – als Hobby und zur Entspannung. Die Wünsche, die Guido nach zwanzig Jahren Berufserfahrung formulierte, passten wie eine Matrize auf die Parameter von Schumacher:

- »Ich war lange genug in einer Bank.«
- »Ich sehe den Kapitalismus heute kritischer als noch vor ein paar Jahren.«

- »Ich will keiner Oma einen gebundenen Rentenfonds verkaufen müssen, nur weil diese Woche Rentenfonds auf der Liste stehen.«
- »Ich kann viel mehr als Controlling, Marketing, Vertrieb.«
- »Ich träume endlich davon, mein eigener Chef zu sein.«
- »Ich brauche den ganzen Lifestyle-Wahnsinn nicht mehr.«
- »Ich vermisse meine Familie, wenn ich auf den Geschäftsreisen bin – ich will, dass die Kunden eher zu mir kommen.«
- »Nächstes Jahr wandern meine Frau und ich durch Tibet, dort unterstützen wir ein NGO-Projekt.«

Mit viel Gefühl kann man die irrealen Wünsche (eine Coaching-Oase im Tibet mit veganer Vollkornküche) in die reale Machbarkeit verwandeln: raus aus dem Konzern, eine sinnreiche Beschäftigung als Hobby, ein reeller Geldverdien-Job, eventuell mit einem halben Nachmittag pro Woche frei.

Die meiste Zeit der Menschheitsgeschichte konnten sich Menschen ihren Beruf nicht freiwillig aussuchen – Arbeit war pure Notwendigkeit. Noch mein Vater hätte ratlos den Kopf geschüttelt, wenn ich ihm gesagt hätte, ich eröffne ein Müttercafé, weil er die Notwendigkeit zur Selbstverwirklichung nicht erkannt hätte. Der Soziologe Gerhard Schulze hat in seinem Buch *Die Erlebnisgesellschaft* Menschen wie Annika dem Selbstverwirklichungsmilieu zugeordnet. Leute aus diesem Milieu mögen weder intellektuelle Höhenflüge (etwa Geige spielende Arztfamilien) noch krachende Unterhaltungsjunkies (jung, geringe Bildung, Jochen-Schweitzer-Konsumenten); sie sind vielmehr auf der Suche nach allen Möglichkeiten der Selbstverwirklichung, die der moderne Markt bietet: Yoga, Judgement-Detox-Seminare, vegane Haarseife.[16]

Diesen Aspekt der Selbstverwirklichung muss man bei der Suche nach einem passenden Job *maßgeblich* berücksichtigen. Er ist die Währung, nach der sich Annika Prenzelberg sehnt, nicht

Geld, nicht Macht. In Konzernstrukturen wird sie sich immer drangsaliert fühlen, sie will wahrgenommen werden, aber nicht unbedingt in dem Sinn, dass sie eine Bühne braucht.

Annika hat Empirische Kulturwissenschaften studiert, »weil das lauter kreative Berufe waren, die man mit diesem Studium machen kann: Kulturmanagement, Kunst, Agenturjobs. Nichts wäre für mich langweiliger als ein Beruf, der nicht kreativ ist.« Und nichts wäre für dich gefährlicher, denke ich leise. Denn wer so empfindlich auf »Bewertung« reagiert, ist als Kreativer wie ein Papierschiffchen im Ozean. Immer gibt es Leute – und im Zweifel sind das mächtigere BWLer, die aber wenig Ahnung von Design oder Kreation haben –, die Annikas Arbeit bewerten, und damit bewerten sie auch immer ein Stück Annika selbst.

Um mal für mich zu sprechen, als im Kreativsektor freischaffende Journalistin: Das Kreative an meinem Job als Journalistin, behaupte ich mal, kann fast jeder.[17] Was mich als freie Journalistin aber immer wieder zutiefst gefordert hat:

- waren die schweigenden, nicht beantworteten Mails, die ich auf meine Themenvorschläge bekam. Heißt das, das Thema war schlecht, oder sie haben es bereits im Heft oder geben sie es einem Redakteur zum Umsetzen, weil das billiger ist?
- waren Schlussredakteure, die mir nach Druckschluss sagten: »Wir hatten Übersatz, ich musste noch zehn Zeilen kürzen. Ich habe schnell mal vom Ende weggekürzt.«
- waren die vielen ungeschriebenen Gesetze der Themenfindung, die längst marktwirtschaftlichen Prinzipien folgen. Gesundheit? Geht immer. Politik? Hm, ist zwar wichtig, wird aber vom Leser nicht angenommen.

Kreativ arbeitende Menschen sind einem lebenslangen Zweifel über ihre Arbeit ausgesetzt, weil es keinen objektiven Maßstab für ihre Arbeit gibt. Und dieser Grundhaltung will man sich Teilzeit als Mutter aussetzen? Was für ein vorprogrammierter Konflikt. (Was nicht heißt, dass manche kreativ arbeiten *sollen*, weil sie kreativ arbeiten *müssen*.)

Es gibt Psychotherapeuten, die erklären den Umstand, warum Männer oft kreativer sind als Frauen, mit dem Gebärneid. Frauen würden, wenn sie gebären, schon das Maximum an Kreativität aus sich herausholen, das Bedürfnis, noch kreativer zu arbeiten, wäre ein von der Gesellschaft aufoktroyiertes – und zwar eines, das mitunter Schaden anrichtet. Der Journalist und Autor Volker Kitz wettert in einem Buch über die vielen Geschichten, die eine Verwandlung von einem getriebenen Herzchirurgen in einen glücklich lebenden Lastwagenfahrer erzählen:[18] »Sie suggerieren, dass niemand sich im Arbeitsleben mit weniger als dem makellosen Glück zufriedengeben dürfte. Über Generationen hat dieser Leidenschaftszwang einen Schleier des Unglücklichseins gelegt. Millionen Menschen sitzen jeden Tag im Büro, stehen am Fließband oder kriechen für ihren Job auf dem Boden herum und fragen sich: ›Was läuft falsch bei mir, wenn ich dabei keine Leidenschaft verspüre?‹«

Vorsichtig frage ich Annika nach ihrem Blog. Es gibt zwischen 50 000 und 300 000 Blogs in Deutschland,[19] 3,2 Millionen Pinterest-Accounts, über 2 Millionen aktive Etsy-Verkäufer:[20] Wenn wir diese Schiene bei ihr ausbauen wollten, dann muss sie schon ohne Suchmaschinenoptimierung erfolgreich sein, zumindest ein bisschen. »Nee, den Blog mache ich nur zu meinem Vergnügen, das will ich auf gar keinen Fall beruflich machen«, errät sie meine Gedanken, »ich hätte immer das Gefühl, ich muss mich und meine Gedanken für möglichst viele Klickzahlen verkaufen.« Hier ist es schon wieder, das Gefühl, ungut bewertet zu werden. Wir fragen mal die harten Fakten ab:

- Wie lange kommt die Familie noch ohne das Einkommen von Annika aus? (Noch circa drei bis vier Jahre, Annika hat von ihrer Oma etwas geerbt und muss nur 800 Euro zum Haushaltseinkommen beitragen, damit die Familie über die Runden kommt.)
- Hat sie noch Lust, etwas zu lernen? (Ja, hat sie, wenn es nur nicht zu lange dauert. Maximal zwei Jahre, das wäre aber schon Obergrenze.)
- Müssen sie bei der Ideenfindung eventuell auf weitere Kinder Rücksicht nehmen? (Ja, mindestens eines will sie noch haben.)
- Ist Berlin als Lebensmittelpunkt gesetzt? (Ja, ein Umzug ist nicht geplant.)
- Wenn sie ihr Leben in einem Wort zusammenfassen müsste, welches wäre das? (Berlin, sie wohnt dort und fühlt sich dort auch wohl.)
- Gibt es Schulfächer, in denen sie herausragend gut war, die aber bei ihrem Studium der Empirischen Kulturwissenschaften nicht zum Tragen kamen? (Ja, in Mathe hatte sie eine Eins.)

Wir tragen Annika vorsichtig das Studium der Zukunftsforschung an. Das kann man in Berlin absolvieren, und es kompensiert zweierlei: Erstens ist der Studiengang sehr jung, und deshalb ist zu vermuten, dass dort noch nicht alle Strukturen so eingeschliffen sind, dass man sich als Student fremdgesteuert fühlt. Zweitens ist der Inhalt dieses Fachs jung – er beschäftigt sich immer mit dem Morgen und nie mit dem Gestern, das Gestern wird nur als Erklärung für das Morgen herangezogen. Beide Faktoren geben den Anschein, dass das Studium kreativ ist. Dabei ist es eher deskriptiv, denn es geht nicht darum, neue Trends zu erfinden, sondern Trends zu erkennen und einzuordnen, analytisch in einem modernen Umfeld. Deshalb sind Annikas mathematische Fähigkeiten ziemlich nützlich: Zukunftsforschung ist immer auch ein Gebiet mit einer hohen Statistikkompetenz. Das Studium dauert zwei Jahre und kostet circa 5 000 Euro.

Fritz Riemann schreibt Annika Prenzelberg dem hysterischen Typus zu. Und weil das nur ein Terminus technicus ist, zähle ich mal auf, für welche Berufe er die hysterischen Persönlichkeiten besonders geeignet hält: »In der sozialen Gemeinschaft eignen sie sich für alle Berufe, die einen persönlichkeitsgebundenen Einsatz erfordern, elastisches Reagieren auf den jeweiligen Augenblick, alle Tätigkeiten, bei denen es auf Kontaktfähigkeiten ankommt, alle Berufe, die Hoffnungen auf ein Leben in der großen Welt versprechen, sie sind mehr personen- als sachbezogen.«[21]

Frauen wie Annika bringen mir viel bei für meine Tätigkeit als Job-Profilerin. Sie erzählen etwas von ihren Bedürfnissen, die sich manchmal diametral von ihren Ängsten unterscheiden. Kreativität und Nicht-Bewertetsein-Wollen schließen sich genuin aus, aber der Wunsch, der dahintersteckt, ist ein ganz und gar moderner: Es ist der Wunsch nach Eingebundensein in einer neuen, vielleicht auch virtuellen Welt. Einer Welt, die sich vielleicht ein bedingungsloses Grundeinkommen wünscht und auf jeden Fall Entfaltung sucht.

Lisa Müller: Wo ist mein Platz?

Lisa Müller-Koury ist pünktlich, fester Händedruck, mittellanges, blondes Haar, Streifenshirt, Jeans, wir kommen schnell ins Gespräch. Lisa ist wahnsinnig höflich und macht es uns leicht, die ersten Smalltalk-Pflöcke einzuschlagen. Sie ist Französin, die mit ihrem Mann seit ein paar Jahren das typische Leben einer Expat-Frau führt: Israel, Jordanien, jetzt Deutschland. »Und das ist dann auch die letzte Station. Wir wohnen in München, nur fünf Minuten von meinen Schwiegereltern entfernt. Irgendwann werden sie Hilfe benötigen, aber noch können sie die Kinder jede Woche einmal zu sich nach Hause holen und mit ihnen spielen. Also: Wir wollen hier Wurzeln schlagen.« Sie sucht nun nach einem Karriereeinstieg, den sie mit Familie und in Teilzeit bewältigen kann.

Ihr Mann arbeitet im Produktdesign bei einem Automobilhersteller, Lisa ist Wirtschaftsinformatikerin, in leitender Position, bis vor fünf Jahren ihr erster Sohn, August, auf die Welt kam; drei Jahre später folgte Kilian. Die ganze Familie wohnt im vornehmen Münchner Stadtteil Schwabing. So, wie sie spricht, glaubt man kaum, dass sie erst drei Jahre in Deutschland lebt. »Doch, doch, und ich habe immer noch einen fürchterlichen Akzent«, lacht sie. Als sie aufzählt, welche Sprachen sie außerdem noch spricht, vergeht mir das Lachen: Englisch, Deutsch, Französisch, klar, und dann noch Russisch, Spanisch und ein paar Brocken Hindi. Wo, zum Teufel, hat sie das gelernt? Lisa wird aber fast sauer, wenn man sie auf ihre Sprachgabe anspricht – keine Frage, sie stellt ihr Licht nicht nur unter den Scheffel, sie zündet es erst gar nicht an.

Sie ist in Frankreich zur Schule gegangen, das Land, das allen meist zuerst einfällt, wenn man Vorbildländer für die Vereinbarkeit von Kindern und Beruf nennt. Frankreich hat eine lange Ammentradition, und so ist es dort völlig normal, sein Kind nach sechs oder acht Wochen in eine Betreuung zu geben – alle anderen Betreuungsmodelle werden komisch beäugt. Man muss genau hinsehen, bis der hohe Schlafmittelkonsum von Kindern

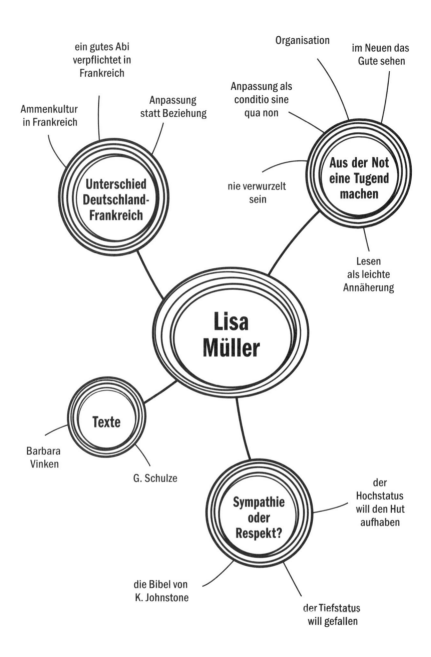

auffällt, und auch die Penizillinmenge, die französische Eltern ihren Kindern verabreichen, liegt weit über dem europäischen Schnitt. Wer Kind in Frankreich ist, muss schnell funktionieren oder wird zum Funktionieren gebracht. Eleganz ist hart erarbeitet. Aber es gibt auch eine langsam wachsende Gegenbewegung, wie Cécile Calla in der *Zeit*[22] schrieb: »Das weibliche Idealbild ist längst zu einer Baustelle geworden. Auch in Frankreich gibt es nicht nur einen einzigen Weg, um eine Superfrau zu werden. [...] Die Französin hierzulande ist eine Projektionsfläche. Ich weiß das, denn ich bin selber eine.«

Dass das Funktionieren noch auf eine ganz und gar anders beschneidende Art gelebt wird, erzählt Lisa, als sie von ihrem Schulabschluss berichtet. »In Frankreich sind der Studienwunsch und der Studienort quasi mit der Abschlussnote der Schule vorgegeben. Ich war immer eine sehr gute Schülerin, also kam für mich ein Fach wie Literatur oder Anthroposophie gar nicht in Frage.«

»Hätte es Sie denn gereizt?«, fragt meine Kollegin Line nach und erwartet von dieser akkuraten Frau nichts anderes als ein glasklares Nein. »Doch, interessiert hat mich das schon, aber, wie gesagt, Frankreich ist das Land der Konventionen. Wir schielen immer nach Deutschland: Ihr Frauen dürft ja das studieren, was ihr wollt. Das wäre bei uns unvorstellbar.« Ist ja verrückt, denke ich, und wir beneiden euch Französinnen, weil ihr immer geschminkt und gertenschlank zur Arbeit flitzt? Gibt es eigentlich auch ein Land, das nicht neidet? Kann man nicht mal den Weltgesamtneidfaktor ermitteln und korreliert den unmittelbar mit dem Glückserleben?

Brauchen wir Frauen denn wirklich zu jeder Zeit und immer das Gefühl von Sympathie?

Carmen Kauffmann ist Kommunikationsexpertin aus Stuttgart. Sie hat sich auf die Fachgebiete Verhandlung und Führung spezialisiert, vielleicht weil sie noch nie Hierarchien ohne Erklärung akzeptiert hat und schon als Kulturwissenschaftsstudentin mit einem jüdischen Rabbiner um die Rolle der Frau gestritten hat. Keine Frage: Der Rabbi hatte mehr Argumente parat. Aber ebenso keine Frage: Carmen hat sich nicht die Butter vom Brot nehmen lassen. Nur weil jemand mehr Argumente hat, heißt das noch lange nicht, dass er auch die richtigen Argumente auf seiner Seite hat. Und selbst wenn es die richtigen wären, muss das noch nicht bedeuten, dass ich sie auch klaglos akzeptiere. Von Carmen Kauffmann kann man das Gehaltsverhandeln genauso lernen wie ein Führungskonzept für weibliche Mitarbeiter.

Was können Frauen machen, um aggressiver in der Arbeitswelt aufzutreten, ohne gleich Sympathie einzubüßen?
Nix.

Guter Einstieg. Und was können sie wenigstens versuchen?
Tatsächlich nicht viel, wenn es um Aggressivität geht. Wenn sich Frauen dieses Stilmittels bedienen, dann wird es für sie schwer: weil es kulturhistorisch immer noch so verankert ist, dass aggressive Autorität ein männliches Phänomen ist. Aber die Frage, die hinter dieser Diskussion steckt, die ist doch eher: Brauchen wir Frauen denn wirklich zu jeder Zeit

und immer das Gefühl von Sympathie? Reicht es vielleicht aus, es zu bestimmten Zeiten von bestimmten Menschen zu bestimmten Anlässen einzufordern und sich ansonsten auf die reine Sachebene zu konzentrieren? Hinter der Sympathie steckt oft ein Wunsch – nämlich der, gemocht zu werden. Ich fürchte, das ist im Job ein bisschen der falsche Ort. Respekt und Wertschätzung allerdings sind zwei Tugenden, die man im beruflichen Kontext durchaus einfordern sollte. Aber die haben haarscharf nichts mit Sympathie zu tun.

Welche Person des öffentlichen Lebens schafft das einigermaßen vorzeigbar?
Unabhängig von ihrem politischen Programm, das sehr wohl fokussiert und wenig moderat ist, aber im Auftritt hat Sarah Wagenknecht stets eine große Klarheit, ohne dabei aggressiv zu wirken. Sie hat eine sehr feminine, aber keine Weibchen-Attitüde. Die präsentiert sich auch mal als Hardcore-Radlerin und bringt jeden *Spiegel*-Journalisten zur sportlichen Kapitulation. Das empfinde ich als Unterschied: Klarheit statt Aggression, die ja oft nur eine verklausulierte Form männlicher Unsicherheit ist. So ein bisschen wie die Zigarette: Eigentlich hatte man die auch nur, um Unsicherheit zu kaschieren, und trotzdem wirkte man damals damit unglaublich cool.

Auch die Unternehmerin Sina Trinkwalder (»Manomama«) ist hochgradig klar, ohne ihre Weiblichkeit zu opfern. Sie hat ein Unternehmen gegründet, das Menschen »mit multiplen Vermittlungshemmnissen« eine Chance auf dem Arbeitsmarkt gibt. Trinkwalder hat ein ganz starkes soziales Wertesystem und ist dabei hochgradig sachkundig und klar. So eine Frau braucht keine Aggressivität, um sich durchzusetzen.

Und ich finde ja, dass auch Sheryl Sandberg das gut hinbekommt: Weiblichkeit, Verhandlungsstärke, Klarheit in der Sache.

Welche anderen Strategien der Effizienz kann ich denn als Frau nutzen, wenn schon der Fight-Modus nicht angesagt ist?
Es hilft, sich am Harvard-Prinzip zu orientieren. Das ist eine Strategie, mit dem Ziel, eine größtmögliche Win-win-Situation zu schaffen. Also zusammengefasst heißt das: hart in der Sache, weich und wertschätzend zum Gegenüber. Wenn ich klar in der Sache bin, kann ich auch hart sein, auch konfrontativ, ohne meine Wertschätzung zu verlieren. Also heißen die drei Zauberworte Selbststeuerung, Vorbereitung und Strategiebewusstsein. Frauen brauchen eine komplett andere Taktik als Männer – wenn sie versuchen, einfach nur zu kopieren, sind sie meist nicht erfolgreich. Das Prinzip »weibliche Führung« vorzubereiten ist ein wesentlicher Schritt zur eigenen Unternehmensidentität.

Wie lerne ich denn, Aggressivität von Emotionalität zu trennen, denn sonst sind wir ja wieder die Heulsusen ...?
Emotionalität steuert mich, Aggressivität produziere ich selber. Es geht um Selbststeuerung. Ich sage gar nicht, dass nicht auch Frauen laut sein dürfen, von mir aus auch bissig – wenn es denn einem strategischen Ziel folgt und nicht einfach so aus dem hohlen Bauch kommt. Vielen Frauen ist

diese Art von Vorbereitung aber zuwider; sie unterstellen fehlende Authentizität, wenn sie nicht aus der Situation heraus agieren können. Dabei würden sie sich immer auf die Präsentation *einer Sache* gründlich vorbereiten und aus dieser Vorbereitung heraus dann auch spontan sein können. Warum also nicht auch auf die Vorbereitung einer Performance?

Warum müssen wir Frauen eigentlich immer gefallen?
Das ist jetzt eine Fragestellung, die davon abhängt, welches Fachgebiet sie beantwortet. Der Kulturwissenschaftler würde vielleicht sagen: Weil wir immer noch in einem männlich geprägten Patriarchat leben und es deshalb eine kulturelle Machtfrage ist, ob Frauen aggressiv sein dürfen.

Der Biologe argumentiert vielleicht eher mit dem Hormon Oxytocin, das Kuschelhormon, das nach der Geburt und beim Stillen besonders viel ausgeschüttet wird. Weil Frauen davon mehr haben als Männer, ist ihnen an einer sozialen Harmonie auch mehr gelegen als den wettkampforientierten Männern. Frauen haben auch im Durchschnitt niedrigere Testosteronwerte – wobei Testosteron dominanter, aggressiver und risikofreudiger macht. Es ist aber egal, ob man es mit der Natur oder mit der Kultur erklärt, wichtig ist, dass man daraus die für Frauen kluge Konsequenz zieht:

Wenn du weißt, was du tust, kannst du tun, was du willst. Wenn einer Frau bewusst ist, dass sie mit aggressivem Auftreten unter Umständen ein paar Sympathiepunkte einbüßt, sie stattdessen aber eine Chance auf echten Respekt, Wertschätzung und Teilhabe hat, kann sie das gerne tun.

Eine unserer Standardfragen bei den Beratungen lautet: »Wollen Sie Sympathie oder Respekt im Job?« Bei Lisa Müller wissen wir die Antwort im Vorfeld. »Sympathie. Ich kann aber auch den Hut aufhaben, wenn es unbedingt sein muss.« Diese Frage geht auf den Erfinder des Improvisationstheaters Keith Johnstone zurück. Er unterscheidet bei seiner Lehre nach Hoch- und Tiefstatus,[23] die ein Schauspieler, nein, die alle Menschen fortwährend bei ihren sozialen Interaktionen wählen. »Könige und Adlige haben sich mit Zwergen und Krüppeln umgeben, damit sie durch den Gegensatz mächtiger wirkten«, beschreibt er das Statusprinzip. Im Grunde geht es immer um die Frage: Will ich gemocht (Tiefstatus) oder respektiert (Hochstatus) werden? Wir wechseln alle und ständig unseren Status, haben in der Regel aber einen bevorzugten. (Es gibt auch einen inneren und äußeren Status, aber das führt hier zu weit, wer sich einlesen will, sollte sich die Bücher von Johnstone besorgen.)

»Ein Mensch, der im Hochstatus agiert, signalisiert: ›Komm mir nicht näher, ich beiße.‹ Jemand, der im Tiefstatus lebt, zeigt seinen Mitmenschen: ›Beiß mich nicht, ich bin der Mühe nicht wert.‹«. So fasst Johnstone die beiden Plateaus zusammen, von denen der Mensch agiert. Besonders körpersprachlich lassen sich unzählige Codes festmachen, die auf den einen oder anderen Status verweisen. Unterschwellig nehmen wir alle diese Signale in uns auf, wir deuten sie nur immer indirekt, nie verkopft nach dem Motto: »Ah, diese Geste verweist auf einen Hochstatus.«

Schauspieler wird dieses Repertoire allerdings bewusst und reflektiert beigebracht, schließlich müssen sie andere Charaktere darstellen. Wie fühlt sich jemand, der klein und unterwürfig ist, und vor allem: Wie fühlt er sich, dass man auch in der zwölften Reihe noch erkennt, dass er sich so fühlt? Und so spielen sie:

- Füße nach innen gedreht: Tiefstatus.
- Sich zurücklehnen, groß machen: Hochstatus.
- Griff ins Gesicht: Tiefstatus.
- Kaum Gesten: Hochstatus. (Mein Kollege sagt an dieser Stelle immer: »Helden blinzeln nie.«)
- Fahrigkeit, Nervosität, ausweichender Blick, Lady-Diana-Reh-Haltung: Tiefstatus.
- Zigarre, Uhr, Porsche-Schlüsselbund: Hochstatus.
- Ich-Botschaften: Tiefstatus.
- Man- oder Wir-Botschaften: Hochstatus.

Geschlechtsspezifisch kann man sagen, dass Männer eher den Hochstatus präferieren und Frauen den Tiefstatus. Aber haben Sie mal eine Hebamme gegen einen Chefarzt antreten sehen? Da kann das Verhältnis schnell kippen. Und auch an einem x-beliebigen Spielplatz kann man ausgeklügelte Hochstatus-Rangeleien beobachten, denn da wird das Kind als Folie des eigenen Erfolgs benutzt. (»Ich finde es so schön, wie sich der Nicolas mit seinen drei Jahren schon mit Barockmusik beschäftigt. Er tut das ja ganz und gar freiwillig – wir zwingen ihn nicht dazu.«)

Sich mit seinem bevorzugten Status zu beschäftigen, kann vor der Berufsfindung ausgesprochen lohnend sein. Wer als Älteste von vier Geschwistern aufgewachsen ist, behaupte ich mal, wird nie eine gute Journalistin, es sei denn, sie spezialisiert sich früh auf ein Fachgebiet. Die Ältesten in einer Geschwisterfolge sind meist Respektträger und wählen deshalb auch solche Berufe: Arzt, Lehrer, Handwerker oder eben auch Hebamme. Die Jüngsten, die sich nie mit Körperkraft, aber früh mit einem kreativen Umgang mit Worten behaupten mussten, wählen dagegen oft argumentierende und lernende Berufe, zum Beispiel den Journalismus. Dort ist es wichtig, sich kauern zu können und sich seine Meinung erst einmal zu bilden – der strategische Tiefstatus hilft bei dieser Arbeit ungemein. Ein im Tiefstatus arbeitender Notarzt wäre dagegen eine Provokation: Von diesem Beruf wird schnelles Handeln, Führen und Bescheidwissen erwartet sowie die Ich-Stärke, Katastrophen aushalten zu können.

Bei uns in der Nachbarschaft befindet sich ein Schöne-Dinge-Laden mit italienischen Spezialitäten und Gedöns – der Traum eigentlich jeder zweiten Kundin, die wir haben. Die Inhaberin muss ihren Job hassen: Fast nie begrüßt sie einen freundlich, immer ist man als Kunde der störende Plagegeist, der das Konzept des Ladens nicht genug wertschätzt.

Als ich einmal an einem richtig schlechten Bad-Hair-Day zu ihr in den Laden trat und einen 400-Euro-Schal in die Hand nahm, wollte ich nur etwas Freundliches von ihr hören und sagte: »Kennen Sie diese Tage, an denen man etwas echt Unvernünftiges tun muss?« Dieser Satz, würde ich mal behaupten, ist eine Einladung zum Verkaufselfmeter, rhetorisch gesehen, war das Ding so gut wie im Kasten. »Wieso?«, kam es spitz zurück, »ein Schal ist doch nichts Unvernünftiges?« Meine Kollegin, die mitgekommen war, wollte einschreiten. »Sag mal, ist dieses Blau nicht etwas grell an dir und das andere besser?« Wieder eine Steilvorlage. Es ging nicht mehr darum, ob Schal oder nicht Schal, es ging nur noch um den richtigen Blauton. »Das sagen ausgerechnet Sie?«, schnaubte es aus der Verkäuferin, mit einem sehr taxierenden Blick an meiner Kollegin runter, wieder rauf, wieder runter. Ja, sie zieht sich farbenfroher an als ich. War das ein Grund, mir auch diese Farbkombination zu empfehlen? Ratlos hatte ich inzwischen beide Schalfarben in der Hand, es waren inzwischen fünf Minuten vergangen. »Wissen Sie was, ich glaube, Sie wollen gar keinen Schal kaufen«, war der Satz, der meine Kaufkraft final in sich zusammenfallen ließ. »Sie haben recht. Hier will ich keinen 400-Euro-Schal kaufen.«

»Du hättest Sie als Königin anspielen müssen«, sagte Sebastian später, »dann wäre sie butterweich gewesen: ›Sagen Sie mal, wie pflege ich denn dieses Produkt?‹ oder ›Nehmen Sie auch Kreditkarten?‹ sind schöne Geschmeidigkeitsfragen dafür.« Ich habe aber keine Lust, 400 Euro und Geschmeidigkeit zu bezahlen«, maulte ich. »Für 400 Euro möchte ich Gratisgeschmeidigkeit haben.«

Es gibt keinen guten und keinen schlechten Einheitsstatus, am besten sind immer diejenigen dran, die blitzschnell umschalten können. Einer der besten Switcher, die ich kenne, ist mein Kollege Sebastian: Wenn wir adlige Kunden haben, sitzt er mit blauem Hemd und teurer Uhr da, eine Verkäuferin begrüßt er in Chucks, eine Berlin-Mitte-Mutter duzt er fröhlich und ohne dass es seine Haltung ihr gegenüber irgendwie beeinflussen könnte. Er hilft jeder durch seine vermeintliche Anpassung, sich so schnell wie möglich heimisch zu fühlen. (Deswegen muss ich an manchen Tagen, wenn ich vergessen habe, wer kommt, mir nur sein Outfit morgens anschauen: Sitzt mir ein Anzug gegenüber, weiß ich: Ah, heute Business-Rolle. Wenn er die Hipster-Hose anhat, freuen wir uns beide auf Inspirierendes.)

Wenn wir also Kunden fragen: »Suchen Sie Sympathie oder Respekt im Job?«, dann fragen wir auch: »Wollen Sie führen oder lieber geführt werden?« oder »Wollen Sie gemocht werden oder streben Sie nach Macht?«. Wenn wir dann gegenteilige Signale von dem, was uns geantwortet wird, hören, müssen wir nachbohren: »Warum tragen Sie Schal, Schmuck und andere weich machende Accessoires, aber lieben die Dominanz? Und wie könnten Sie diese Bild-Text-Schere für sich auflösen?«

Aber bei Frauen wie Lisa heißt die Antwort meist: »Ich suche eher Sympathie, mir ist ein gutes Miteinander wichtig.« Oder: »Ich bin gern mit meinen Kollegen beim Mittagessen, ein Austausch gehört für mich dazu.« Oder: »Auch nach Feierabend bin ich gern noch mit der ein oder anderen Kollegin zusammen, wenn es die Zeit erlaubt …« Hier einen Respekt-Job zu suchen, würde Lisa ständig mehr Härte abverlangen, als sie geben möchte. Mit Lisa zu schnell über Gehalt und Karriere zu reden, bedrängt sie in ihrem Wunsch, von allen gemocht zu werden. Lisa wird immer Tiefstatus-Jobs bevorzugen – einfach deshalb, weil sie ihr die Sicherheit geben, sympathisch gefunden zu werden.

Der interaktive Status ist aber nur ein Parameter, an dem wir uns unbewusst entlanghangeln. Oft orientieren wir uns mit unserer beruflichen Identität unbewusst auch an der Region, aus der wir kommen oder in der wir leben, um etwa nicht aufzufallen und nicht anzuecken, aber auch aus reiner Organisationsstrategie. Ein Beispiel:

- In Süddeutschland ist die Kinderbetreuung noch so deutlich schlecht, dass es häufig nur 15 Wochenstunden sind, die Mütter beim Wiedereinstieg arbeiten können.
- Im Osten ist es auch Jahrzehnte nach der Maueröffnung einfach selbstverständlich, dass die Frauen arbeiten. Wenn wir eine Kundin aus dem Osten haben, meint sie mit »Teilzeit« oft 35 Stunden.

Nur aufgrund ihres Wohnorts wählen viele Frauen ein Wiedereinstiegsmodell, das ihrer Region, ihrer Umgebung entspricht. Es kostet sie viel Erklärungsenergie, würde die süddeutsche Mutter versuchen, gleich nach der Geburt ihres Kindes wieder 40 Stunden arbeiten zu wollen. Es kostet sehr viel Selbstbeschäftigungskraft, würde die ostdeutsche Frau nur 10 Stunden pro Woche Geld verdienen. Also suchen sich beide Frauen ein Modell, das ihrer Umgebung entspricht, aber nicht unbedingt ihren Bedürfnissen oder ihrer Identität. Denn was macht die ostdeutsch sozialisierte Mutter, deren Mann es nach München verschlagen hat? Vermutlich wird sie zwischen all den anderen Müttern im Café sitzen und nicht wissen, wieso ihr die Zeit so vertan vorkommt.

Eine, die diese Schere besonders scharf beobachtet, ist die Literaturwissenschaftlerin Barbara Vinken. Sie hat in ihrem lesenswerten Klassiker *Die deutsche Mutter* den »Schatten des Müttermythos« herausgearbeitet. Verkürzt steht in dem Buch, dass gerade und besonders in Deutschland die Mütter als Mütter gezüchtet wurden, und zwar seit Luther. Indem er die Erziehung der Kinder als »Gottesdienst« deklarierte und die Mütter aufforderte, möglichst viele Kinder zu gebären, um ihre Seelen Gott zu bringen, legte er den Grundstein für ein fest zementiertes Frauenbild, das noch heute zu Sätzen führt wie: »Ich finde, ein Kind gehört zu seiner Mutter.« Allerdings muss man dazu sagen, dass Deutschland zu Luthers Zeit ein Flickenteppich aus weltlichen, kirchlichen und freien Städten war, teils protestantisch, teils katholisch, teilweise Stadt, teilweise Land. Die Katholiken scherten sich erst einmal wenig um Luthers Frauenbild, und für viele Landfrauen zum Beispiel hieß es trotz Luther: sechs Tage die Woche arbeiten von früh bis Dunkelheit. Dennoch war ein erster Samen gelegt. Ein großer, prägender Denker befand: Die Mutter gehört an den Herd.

Dieses Gedankenfundament wurde im 18. Jahrhundert verfestigt. Für Rousseau war die stillende Mutter ein Grundprinzip der Gesellschaft. Und es hatte noch andere Vorteile: Stillende Frauen gehen nicht auf die Straße und beginnen eine Revolution, sondern sind brav zu Hause bei ihren Kindern. Pestalozzi gab den ans Haus gefesselten Müttern die Aufgabe der Kindererziehung: Er machte sie zu Laien-Pädagogen. »Er begründet damit eine Tradition, die in der Mutter die Erretterin der Welt sieht«, schreibt Vinken.[24] Das Biedermeier blühte besonders in Deutschland, man muckelte sich zu Hause ein und überließ die Weltpolitik anderen. Der Erste Weltkrieg emanzipierte die Frauen zwangsweise, die Zeit ab 1933 ließ sie wieder auf fürchterliche Weise retardieren.

Nach dem Zweiten Weltkrieg zerfiel Deutschland in zwei Teile, auch in zwei Müttermythosteile: Im Osten war es selbstverständlich, dass die Mutter arbeitete, so kamen schon früh Kinder in die Krippe, eine gewisse Kontrolle über die politische Früherziehung mag auch ein Grund gewesen sein, warum man so früh Kinder und ihre Familie separierte. In Westdeutschland trafen sich nach amerikanischem Vorbild die Vorstadtmuttis beim Kaffeekränzchen: Die Bewahrung und Verhübschung des eigenen Heimes hatte oberste Priorität. Steuerlich wurden diese Gemeinschaften durch das Ehegattensplitting am meisten bevorzugt. Nach dem Fall der Mauer, überraschend eigentlich, fand in den ostdeutschen Ländern eine leichte Retraditionalisierung statt. Trotzdem: Im Schnitt arbeiten ostdeutsche Frauen länger und zahlen deshalb auch eklatant mehr in ihre Rentenversicherung ein als westdeutsche Mütter.

Seit fünfhundert Jahren leben wir also in einer Kultur, die die Aufgabe der Mutter zu Hause verortet. Vorher war es mehr oder weniger eine haushälterische Notwendigkeit, seit Luther wurde es mit Sinn und Moral überhöht. Wenn es fünfhundert Jahre dauert, ein solches Bild zu implementieren, wird es auch mehr als zwei oder drei Generationen benötigen, um ein Mütterbild zu verändern. Die heutige Sorge, die mit Fragen wie »Ich weiß ja gar nicht, was mein Kind in der Ganztagesbetreuung nach der Schule eigentlich macht« einhergeht, zeigt den enormen Erfolgsdruck, unter dem moderne Mütter stehen. Es reicht nicht,

Kinder zu bekommen und sie positiv zu prägen: Wir müssen auch noch jede Minute wissen, mit wem und wie sie spielen – und was sie fühlen, wenn sie das oder jenes spielen. Im Kleinen kann man das bei ganz normalen Grillfesten in der Nachbarschaft beobachten: Da laufen Dutzende von Müttern mit Grillwürstchen hinter ihren Kindern her, damit die das »Essen nicht vergessen«. Der Gruppendruck zu helikoptern ist ansteckender als Ebola.

Lisa konnte durch die vielen Umzüge kein tragfähiges Beziehungsnetz aufbauen, ihr blieb nur die ständige Ad-hoc-Anpassung: »Wenn ich nicht isoliert sein will, muss ich innerhalb von sehr kurzer, effizienter Zeit die sozialen Regeln meines Umfelds beherrschen und befolgen. Sonst mache ich mich unbeliebt und werde erst gar nicht in den Kreis aufgenommen.« Wie aber reagiert eine Frau, die vom Vollzeit arbeitenden Frankreich ins Meine-Frau-hat's-nicht-nötig-zu-arbeiten-Schwabing zieht? Sie ist erst einmal verwirrt und hält inne: »Soll ich nun arbeiten, oder werden meine Kinder damit zu Außenseitern?«

Wem Sympathie wichtig ist – Gerhard Schulze würde hier vielleicht vom Integrationsmilieu sprechen –, ist nicht schlecht damit beraten, sich anzusehen, was die Mütter im eigenen Umfeld tun. Wem Sympathie egal ist, kann sich abgrenzen, so wie es meine Schwester Barbara in Berlin macht: Sie arbeitet voll, ihr Mann ebenfalls. Ihre Tochter darf sich ab und zu Kommentare anhören wie: »Warum hat dich deine Mama gekriegt, wenn sie so viel arbeitet?« Nur zur Klarstellung: Meine Schwester und ihr Mann haben ein ungewöhnlich enges und liebevolles Verhältnis zu ihrer Tochter, von Vernachlässigung kann keine Rede sein. Von übler Nachrede schon – Barbara provoziert mit ihrem Arbeitsmodell.

Frauen wie Lisa Müller haben das, was wir alle ein bisschen haben und was Kinder immer am meisten anstreben: das Eintauchenkönnen in die Masse, die ultimative Anpassung. Wenn man Lisa Müllers Bedürfnisse ernst nimmt, muss man sich vor allem auf ihre enorme Anpassungsgabe fokussieren. Menschen, die diese Eigenschaft haben, sind, sofern nicht von einem misanthropischen Gemüt, hervorragend für die Dienstleistungsbranche gemacht.

Schön wäre natürlich etwas, womit ihre Leidenschaft für Literatur wieder zum Blühen käme. Es muss ja nicht unbedingt ein Job in einem Buchladen sein, obwohl auch so etwas ein ganz kommoder Einstig in die Berufswelt sein kann. Vielleicht eine Tätigkeit in einem Literaturklub? Doch damit kann man kein Geld verdienen. Andererseits ist da noch ihr Organisationsgeschick, ihre scheinbar mühelose Art, sich überall zu integrieren, und ihre profunden Sprachkenntnisse.

»Wie wäre es denn mit einem Job als Relocation-Scout? Jemand, der anderen Familien hilft, die nach Deutschland kommen, die passende Schule für ihre Kinder zu finden, eine Wohnung zu suchen und auch noch das passende Weinlokal zu empfehlen, sodass das Heimweh am Anfang nicht ganz so schlimm wird?«, fragen wir sie schließlich. Lisa überlegt: Will sie wirklich für andere all den Behördenkrempel machen, mit dem sie einst so große Schwierigkeiten hatte? Komplizierte Formulare ausfüllen und umfangreiche Anträge mühevoll stellen? »Die Formulare werden mit der Zeit bekannter«, wenden wir ein, »Sie wissen ja nach einigen Expat-Kunden genau, welchen Antrag Sie wann ausfüllen müssen. Und Ihre Sprachenvielfalt hilft Ihnen genauso wie Ihre eigene Expat-Erfahrung, schnell auf Fremde zuzugehen.« »Fremd ist der Fremde nur in der Fremde«, lächelt Lisa Müller, »das haben wir im Valentin-Karlstadt-Musäum in München gelesen. Ein wahrer Satz.«

Wir schlagen Lisa noch einen Literaturzirkel für Expats vor: Kann man nicht einmal im Monat einen Kreis bilden mit typisch deutscher Literatur oder zumindest mit Themen, die das Einleben erleichtern? Also vielleicht mit einem kleinen Buch von Thomas Mann (na gut, es reicht auch eine Erzählung), aber auf jeden Fall ganz viel Robert Gernhardt (damit man auch sieht, dass die Deutschen Humor haben können) und von Loriot – je nach Sprachniveau. Oder man lädt junge Schriftsteller ein, die einen Abend aus ihrem neusten Buch vortragen – das Ganze könnte ein Add-on einer Relocation-Agentur werden – nichts, womit sich zusätzlich Geld verdienen ließe, aber vielleicht ein Projekt, das die Agentur zusätzlich schmückt. Wenn man sich mit so einer Idee vorstellt, bemerken die Agenturinhaber auf jeden Fall, dass man sich mit dem Dienstleistungsprinzip vertraut gemacht hat.

Lisa nickt stumm. Dass sie nicht sofort ruft: »Hurra, mach ich!«, ist für uns nicht ungewöhnlich. Wir setzen ihr schließlich einen völlig neuen Hut auf, und der soll sofort passen und ihr auch noch gut stehen? Das ist für den Anfang sicher zu viel verlangt. Also geht Lisa für eine halbe Stunde in den Park und schaut aufs Wasser. An solchen Orten sortieren sich die Gedanken schnell. Wir rufen in der Zwischenzeit bei der Inhaberin einer Relocation-Agentur an (die nicht in München liegt) und erzählen ihr von unserem Plan: Hätte Lisa überhaupt Chancen, sich vorstellen zu dürfen?

»Klar«, sagt die Frau, »gerade als Mutter kann man diesen Job gut machen. Man ist zwar bei den sogenannten Look-and-see-Trips zwei Tage nonstop unterwegs, um den Kunden Schulen, Wohnungen, Gegenden, Sportvereine zu zeigen. Aber der Rest kann gut auch von zu Hause aus erledigt werden. Und wenn ihre Kundin einen Back-up in Form von Schwiegereltern hat, dann kann sie sich ja sehr genau aussuchen, mit wie vielen Fällen sie starten will. Man muss fleißig, organisiert, pragmatisch und herzlich sein für diesen Job. Und man darf ein ›Das-gefällt-mir-aber-nicht‹ nicht persönlich nehmen.«

Als Lisa wiederkommt, sagt sie: »Ich weiß, was mir an dieser Idee am besten gefällt. Es ist die formale Höflichkeit, die dieser Job verlangt. Ich hatte es zum Schluss einfach satt, mit Computer-Nerds zu arbeiten und ihnen die Grundbegriffe von menschlichem Anstand beizubringen. Als Relocation-Scout darf man auf eine universelle Höflichkeit hoffen, auch wenn der Inder per se anders höflich ist als der Russe oder der Amerikaner. Aber eine Fortbildung in interkultureller Mediation kann ich ja immer noch machen, wenn mich das Feld nicht loslassen sollte.«

Sie geht nach Hause und schreibt drei Wochen später eine Dankesmail. Auch das gehört zu ihrer Konvention von Höflichkeit.

Susanne: Es muss im Leben mehr als alles geben

Susanne hatte uns eine Mail geschickt, die wurde nachts um drei versandt. Gerne wüsste ich, was sie unmittelbar vorher gemacht hat, bevor sie sich entschloss, diese Mail abzuschicken: »Sehr geehrte Frau Wilkens, vor drei Jahren dachte ich, dass ich endlich den Job hätte, der zu mir passt. Ich musste viel ausprobieren, bis ich endlich wusste, was ich beruflich wollte. Jetzt bin ich vierzig und stelle erschrocken fest, dass mich der Job immer noch nicht erfüllt. Ich war gern Single, und lebte gern das Kind in mir aus, das sich die Welt, widdewiddewitt, macht, wie es gefällt, zum Vernünftigsein fühle ich mich noch zu jung. Durch einen Zeitschriftenartikel bin ich auf Sie gestoßen und würde gern wissen, ob Sie auch einer ziellos Suchenden ohne Kinder helfen?«

Susanne ist eigentlich keine typische Kundin von uns, weil sie keine Kinder hat und Single ist, und doch ist sie in ihrer Art sehr typisch für die modernen Wünsche an den Job: Sie sucht etwas, für das sie brennt. Sie will nicht mehr Erfüllungsgehilfin im modernen Kapitalismus sein. Sie genießt aber sehr wohl das Genießen und lebt auch gern Luxus. Und sie sucht etwas mit Sinn, aber bitte ohne Helfersyndrom, denn Helfen empfindet sie als Ballast.

Susanne kommt pünktlich – und hat einen Strauß Sommerblumen in der Hand. »Die waren gerade günstig auf dem Markt«, strahlt sie. Und während ich noch verlegen und beglückt die Vorschusslorbeeren in eine Vase stecke, steckt Susanne die Marschroute für den heutigen Tag fest: »Ich bin ein schwieriger Fall, ich bin Narzisst und hochsensibel.« Wenn sich eine Frau uns so vorstellt, dann sitzen wir kerzengerade und erwartungsvoll in unserem Sessel. Das wird ein interessanter, bunter, aufregender Tag. Hier wird mit Vorurteilen gespielt, es wird provoziert, und es wird bestimmt nicht langweilig. Wir werden an Grenzen stoßen, an unsere eigenen oder die von Susanne.

»Aber wer Blumen mitbringt, ist doch kein Narzisst«, werfe ich ein, und meine psychologisch sehr viel geschulteren Kollegin schaut mich mit dem »Hase!«-Blick an, den ich schon kenne. »Hase!«, das heißt übersetzt: »Sei nicht so voreilig. *Natürlich* können Blumen ein ausgesprochen deutliches Zeichen für Narzissmus sein.« Ich halte also die Klappe und höre erst einmal zu.

Aufgewachsen ist Susanne in Bergisch Gladbach, sie ist ein Einzelkind und »Papas Liebling«, wie sie schildert. Früh ging sie mit ihm zum Leichtathletiktraining, wo er als Trainer die jungen Sprinterinnen betreute. Susanne war ein Lauftalent. »Aber noch besser als laufen konnte ich meine Gegnerinnen einschätzen, wie sie heute drauf sind. Voll im Saft, demotiviert, ausgebrannt. Die jeweilige Gefühlslage konnte ich beliebig verstärken oder schwächen – gerade wie ich es für mein eigenes Rennen brauchte. Lediglich bei einem damals sehr bekannten und erfolgreichen Sprint-Ass versagten ihre Zauberkräfte: »Sie war wie

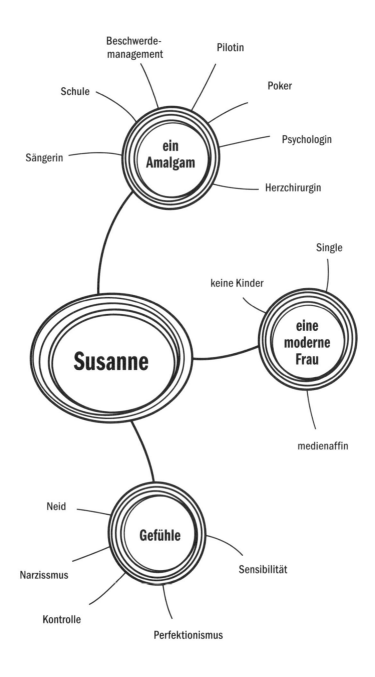

eine undurchdringbare Mauer, deswegen war sie auch so überragend schnell.«

Nach dem Abitur wollte der Vater einen technischen Beruf für seine Tochter, Susanne entschied sich für eine Medienkarriere, absolvierte ein Politikstudium und war anschließend auf einer Journalistenschule. »Ich fand die Arbeit dort nicht toll, aber sie ging mir leicht von der Hand«, erzählt sie, »ich wusste einfach, was gerade gewünscht war.« Ungewöhnlich in der Branche, aber kritisiert wurde sie nur selten. Es scheint, als hätte sie ihre Chefs auch durch die Gegner-schwächen-Brille fixiert und für sich eingeordnet, denke ich mir. Eine faszinierende Eigenschaft: Susanne ist wie bei »Hase und Igel« immer schon am Ziel, wenn der Gegner erst angehetzt kommt.

Heute arbeitet sie in einem großen Medienhaus in Hamburg, und zwar 30 Stunden die Woche. Sie hat noch einen alten Vertrag, deshalb kommt sie mit der niedrigen Stundenzahl gut über die Runden. Ihr Mann führt eine kleine Softwarefirma, zusammen besitzen sie ein kleines Loft in Altona. Wenn ein Magazin die idealtypische moderne, erfolgreiche Frau bräuchte – Susanne wäre die Idealbesetzung. Und das auch noch kombiniert mit einem beeindruckenden Äußeren – Susanne hat dramatische lockige Haare, eine unglaublich auffällige-unauffällige Mode. Es wirkt, als hätte sie Guido Maria Kretschmer persönlich eingekleidet.

Ich fange an, auf meine billigen Chucks zu schauen, meine Haare sind nicht mal im Ansatz so voll, und obwohl Susanne beherzt zu unserer Schokolade greift, hat sie nicht ein Gramm zu viel auf den Hüften, nicht eines. Wahrscheinlich so eine Pilates-Frau, denke ich und muss an meine Psychorhetorik-Ausbilderin denken, die in solchen Fällen immer scheinheilig fragt: »Und was hat das mit Ihnen zu tun, Frau Wilkens?«

Das hat damit zu tun, dass ich auch mal so toll aussehen möchte, dass ich nicht verstehe, woher die innere Leere kommt, die Susanne beschreibt, dass sie doch eigentlich fünfmal »Hier!« geschrien hat, als der liebe Gott die Gaben verteilt hat. Dazu Auslandsaufenthalte, Sprachfähigkeiten, Weiterbildungen in NLP und Gestalttherapie. Wieso hat denn diese Frau Not? »Deshalb!«, sagt Line, meine Kollegin, »und weil sie tatsächlich eine narzisstische Störung hat. Sie hat uns nicht angelogen. Viel Wissen schützt vor Leere nicht.«

Diese Kategorie, von der sich Frauen auf der Suche nach einer beruflichen Identität leiten lassen, kommt auf den ersten Blick fragil daher: Viele emotionale Ausprägungen wie weiblicher Narzissmus, Hochsensibilität oder Hochbegabung prägen die Berufswünsche von Frauen. Es wäre zu simpel, die Kategorie als bedürftig abzustempeln, am besten noch mit dem gedanklichen Zusatz: *Ich* bin gesund, *ihr* seid krank.[25]

Ich bin keine Therapeutin, ich verstehe das Handwerk der Psychologie nur sehr rudimentär. Aber was ich verstehe, ist die Not, wenn eine Frau etwas sucht und sich nicht nähren lassen kann von den Angeboten, die das Leben ihr macht. Wenn eine Frau damit hadert, dass ihre Umwelt dümmer ist als sie selbst. Wenn eine Frau geblendet ist von den Reizen, die sie umgeben, sodass sie selbst nachts nicht abschalten kann. Wenn eine Frau sich nicht festlegen mag, weil sie als Kind immer Zuwendung erfahren hat. Wenn ihre Eltern ihr Entscheidungen abnehmen durften, und dieser Vorteil längst zu einem Nachteil geworden ist: weil sie heute statt Zuwendung Ratlosigkeit von ihrer Umwelt erfährt, wenn sie sich nicht entscheiden mag. Wenn diese Frau einen neuen Job sucht, obwohl sie eigentlich einen ganz anderen Auftrag in sich trägt.

Susanne kann so punktgenau Bedürfnisse anderer lesen, dass es ihr paradoxerweise genauso schwerfällt, eigene zu benennen.

Das mit dem lapidaren Urteil »neurotisch« abzutun, ist provokativ vereinfachend. Und sich überheblich über diese Frauen zu stellen, ist geradezu absurd und das erste Diagnosemerkmal, selbst am weiblichen Narzissmus zu leiden. Die Psychologin Bärbel Wardetzki schreibt in ihrem Buch *Weiblicher Narzissmus*: »Durch unsere Überheblichkeit ›über-heben‹ wir uns buchstäblich bis zum krisenhaften Zusammenbruch, der uns zwingt, innezuhalten und in der Genesung unsere Grenzen zu finden und uns mit unserer Begrenztheit auszusöhnen.«

In Wardetzkis Buch werden viele Facetten weiblichen Narzissmus beleuchtet, nur auf die Schnelle sei zusammengefasst: Weiblicher Narzissmus fußt auf Minderwertigkeit und schafft im Beruf höchst erfolgreiche Frauen. Narzissten setzen Bewunderung und Liebe gleich, ohne Bewunderung fühlen sie sich somit ungeliebt. Und durch fehlendes Spiegeln in der Kindheit fehlt narzisstischen Frauen das Bild zu sich selbst: Sie setzen auf konforme Anpassung statt auf Authentizität. Das ist der Unterschied zum männlichen Narzissmus: Männer kämpfen um ihre Autonomie, Frauen wählen die Überanpassung, sei es durch Überempathie oder sei es durch Überidealisierung des Partners.

Die böse Laurie Penny hat den weiblichen Narzissmus treffend beschrieben: »Perfekte Mädchen wissen, dass sie sich ständig weiter optimieren müssen. Perfekte Mädchen sitzen nicht auf dem Sofa und essen Kekse, nicht einmal, wenn ihre Lieblingssendung läuft. Perfekte Mädchen arbeiten unablässig: Wenn sie nicht in der Schule oder auf der Arbeit sind, treiben sie Sport, und wenn sie keinen Sport treiben, machen sie ehrenamtliche Arbeit, gehen einkaufen, organisieren ihr Privatleben wie ein Start-up-Unternehmen. Der größte Bär, der ihnen als Kind schon aufgebunden wurde, lautete: ›Auf die inneren Werte kommt es an.«« Hören wir bitte auf, uns über diese Frauen zu erheben, weil in fast jedem von uns etwas weiblich Narzisstisches steckt.[26]

Welche Mutter macht nicht beim Dinkelkeks-Battle mit, wenn die Kita Sommerfest hat? Füttern in jeglicher Form ist für Frauen Bindung und Manipulationsmöglichkeit, beides wollen wir uns nicht nehmen lassen. Mein Mann, nüchtern, erdig, handfest, sagte mal treffend, als ich in aller Hektik Buchweizentaler mit Ahornsirup, zuckerfrei natürlich, verzierte: »Die Kids futtern doch sowieso nur den ganzen Nachmittag vor sich hin, dann ist es doch auch egal, ob du jetzt eine Prinzenrolle mitbringst oder nicht.« Er hat natürlich recht, und trotzdem erlaube ich mir in solchen Momenten nicht die Prinzenrolle. Ich gehe ja auch nicht zu einem Vorstellungsgespräch und lasse die *Gala* aus der Manteltasche blitzen.

Wir sind es alle gewöhnt, unsere Befindlichkeiten viel ernster zu nehmen als noch unsere Elterngeneration. Meine Mutter sagte oft, wenn es mir als Kind schlecht ging: »Denk nicht dran, dann geht's vorbei.« Das soll man sich heute mal trauen – am besten auf einem öffentlichen Spielplatz. Wie sehr die neue Befindlichkeitsgewichtung aber auch ein Ballast ist, merke ich immer an meinem Yoga-Lehrer, der uns nach jeder Stunde zum Abschied wünscht: »Werdet ein besserer Mensch.«[27] Mein Vater sagte genau denselben Satz auf seinem Sterbebett, nur in einer anderen Zeitform: »Bleib ein anständiger Mensch.« Was für ein entlastender Pragmatismus, diesen Wunsch im Präsens zu formulieren.

Frauen haben einen falsch-ehrgeizigen Hang zur Perfektionierung

Anja Guckenberger ist Head of Business bei Edelman, der weltweit größten PR-Agentur mit 6 000 Mitarbeitern. In Deutschland sind über 300 Menschen beschäftigt, und in Hamburg, wo auch Guckenberger lebt und arbeitet, gibt es 80 Mitarbeiter. Sie ist dort für das Neugeschäft und die Pflege der Bestandskunden zuständig.

Wenn man Anja Guckenberger in drei Worten beschreiben müsste, wären es Pragmatismus, Pragmatismus, Pragmatismus. Eigentlich ist sie die geborene Krisen-PRlerin, aber auch dazu ist sie zu pragmatisch: Sie hat noch zwei Kinder und einen Mann und, wenn sie die Agentur pünktlich um 16 Uhr verlassen will, dann am besten nach einer Tätigkeit, die sie gut kann und gern macht – jede weitere Jobüberhöhung wäre für sie Kitsch. Wahrscheinlich ist sie die weibliche Reinkarnation von Helmut Schmidt, der einst vor sich hingrummelte: »Wer Visionen hat, sollte zum Arzt.« Obwohl: Grummeln tut Anja Guckenberger nie. Vielleicht deshalb, weil sie sich gut kennt und rechtzeitig Überforderungen abblockt. Und das wiederum hat etwas mit ihrer Uneitelkeit zu tun – und ihrem Pragmatismus.

Welche Ansprüche haben heute Bewerberinnen aus den kreativ-networkenden Branchen an den Job?
Junge Menschen suchen heute unglaublich nach Sinn, wollen etwas bewegen, ohne sich allzu sehr anzustrengen – wenn man es mal böse formulieren würde. Die Work-Life-Ba-

lance spielt schon eine sehr wichtige Rolle in der Generation Y, die anders ist als die Generation X oder die sogenannten Baby-Boomer, die es noch schick fanden, nachts bis 4.15 Uhr am neusten Pitch zu arbeiten, danach kurz zu duschen und ab in den Flieger. Darüber lachen sich die Ypsiloner heute schepp.

Wie würden Sie denn die nachwachsende Generation im beruflichen Kontext beschreiben?
Es ist eine unglaubliche Feedback-Generation: Jedes Kaffeekochen, jedes Schuhzubinden braucht, mal überspitzt formuliert, Resonanz. Woran das liegt, kann ich nur küchenpsychologisch mutmaßen: Es ist die erste Generation, die zur Helikopter-Ära gehört, die mit weniger Geschwistern und mit mehr Überwachung aufgewachsen ist. Obwohl man ihnen aufwendige und hübsch verzierte Onboarding-Programme offeriert, fragen die immer noch nach jedem Detail nach. Es geht ihnen dabei nicht um Kontakt, denn kontaktkompetent ist diese Generation sehr, viel mehr noch, als wir es waren. Es geht ihnen um Rückmeldung. Diese Generation ist auf ulkige Weise nicht mutig, ein Scheitern ist in ihrem Leben einfach nicht eingepreist. Ich weiß, als ich angefangen habe zu arbeiten, hat mir keiner erklärt, wie arbeiten geht, sondern es hieß nur: »Mach!« Heute sind die Einführungsanweisungen derart detailliert, dass sie auch schon durch ihre bloße Existenz verunsichern.

Ist Deutschland denn im europäischen Vergleich ein Schisserland?
Auf jeden Fall hat es keine Fail-forward-Kultur. Wir sind eher ein Land der Ingenieure, der Kleinteiligen, Uneitlen. Wenn wir uns im Scheitern präsentieren, dann hat es immer einen durchkomponierten Lifestyle-Charakter: Fuck-up-Nächte, Fernsehformate wie *DSDS* oder Poetry-Slam-Wettbewerbe, wo man seine Tagebucheinträge von vor 10 Jahren vorliest, sind nur deswegen akzeptiert, weil es deutlich gekennzeichnete Unterhaltung ist. Im deutschen Arbeitsleben ist Scheitern tabu – heute mehr denn je.

Was kann die neue Generation denn besser als wir?
Auf jeden Fall kann sie besser netzwerken, logisch, das sind ja alles Digital Natives, sie sind ausgesprochen präsentationsstark, weil sie das seit Schultagen eingeübt haben, und sie sind Global Citizens, mit mitunter ganz und gar anderen Werten als die Generation vor ihnen: Der Kapitalismus ist nicht mehr das Maß aller Dinge. Auf der anderen Seite sind sie nicht besonders selbstständig oder mutig und repräsentieren den bösen Satz einer meiner (adligen) Chefinnen, die einmal anmerkte: »Dieser Generation fehlt ein Krieg.« Fehlt er natürlich nicht. Aber was sie meinte, ist eine fundamentale Erschütterung, die manchmal auch pragmatisch und demütig machen kann, was im Job nicht immer das Schlechteste ist.

Sind Bewertungsportale wie Kununu eine reale Bedrohung für Firmen, weil ein Arbeitsplatz zur Hotelbewertung verkommt, oder ist es hilfreich, weil es eine von außen erzwungene Optimierung bewirkt?
Grundsätzlich sind solche Portale nicht verkehrt, sie bilden nur nicht die Wirklichkeit ab. Es gibt dann den Tripadvisor-Effekt, wenn man das mal so plakativ nennen darf: Fünf Scheißbewertungen und zwei gefakte. Es gibt einfach viele gefakte Kommentare, und Menschen kommentieren genuin eher das, was sie blöd finden, als das, was sie gut finden. Deshalb bilden diese Portale nie die Realität ab, und deshalb sind Informationen von Real-Life-Personen immer effizienter, weil man so eine größere Bandbreite von Meinung abdecken kann. Durch das Internet sind wir einem Information-Overload ausgesetzt, und gleichzeitig wird Information jederzeit und überall verfügbar. Das ist nicht zum Vorteil von Bewerbern, sage ich mal vorsichtig, zumindest nicht für die, die sich auf ein Bewertungsportal allein verlassen.

Sind wir Frauen heute zu »Bullerbü« im Job?
Bullerbü würde ich nicht sagen, obwohl man oft eine gewisse Naivität beobachten kann, aber das haben Männer auch. Frauen haben nun einmal eine Tendenz zu einer heilen Welt, anders als Männer, die kompetitiver veranlagt sind.

Frauen haben, meiner Meinung nach, einen falsch-ehrgeizigen Hang zur Perfektionierung. Frauen haben heute in allem Gruppenerster zu sein: die besten Möhrenbreie, der erste PEKiP-Kurs, die straffesten Oberschenkel, der perfekteste Wiedereinstieg und das shabby-schickste Wohnzimmer. Vor allem das Muttersein hat heute einen extrem hohen Stellenwert: Wenn da nicht jeder Babybrei selbst gezüchtet wurde, dann ist man irgendwie eine Rabenmutter. Dazu kommt der ganze Pinterest-Wahnsinn: Wir leben in einer weltweiten Vergleichbarkeitsblase, die noch unsere Mütter so gar nicht kannten. Da waren zwei oder drei andere Frauen im Dorf, mit denen man sich vergleichen konnte, heute zeigen einem Tausende, wie man drei Wochen nach der Geburt wieder einen geshapten Body hat. Und wehe, das Schulbrot sieht nicht hochappetitlich aus oder das Begleitgetränk ist keine naturtrübe Apfelschorle. Naivität, Sinnsuche, Optimierungswahn und ein Vergleichbarkeitskult, diese bösen Vier machen einen Wiedereinstieg in die Berufswelt unfassbar schwer.

PR, Journalismus, Marketing, ist das eine gut mit dem Elterndasein zu vereinbarende Zunft, oder ist der Job nur was für zwanzigjährige Single-Frauen?
Grundsätzlich sind Jobs in diesem Metier für Frauen nicht schlecht, nicht umsonst ist die Branche so frauendominiert. Und wenn auch viele Chefs weiblich sind, dann hat man es auch als Angestellter leichter als vielleicht bei Siemens, der Deutschen Bank oder McKinsey.

Was können Mütter im Job besser? Auf was sollten sie in Bewerbungsanschreiben besonders hinweisen? Und jetzt bitte nicht wieder dieses Multitasking?
Sie können trotzdem Multitasking besser, Stereotype hin oder her. Sie sind topmotiviert beim Wiedereinstieg. »They

make it work, somehow«, sagt man bei uns in der Agentur. Effizienz, zielgerichtetes Arbeiten und ein uneitles Herangehen – ich glaube, das ist es, was viele auszeichnet. Ich denke in manchen Meetings, wenn es hysterisch bis neurotisch wird: »Puh, zum Glück bin ich gleich bei meinen Kindern.«

Und wenn meine Kinder dann Pubertätswahnsinn betreiben, dann stöhne ich wieder und denke: »Gott sei Dank darf ich morgen wieder arbeiten.« Meine Kollegin sagte damals nach dem Mutterschutz: »Endlich darf ich wieder aufs Klo, wann ich will.« Die fehlende Selbstbestimmung ist doch für uns Mütter oft eine größere Belastung, als wir zugeben wollen. Und davon erlöst uns der Job auf ganz zauberhafte Weise: weil wir für diese Mütterkur auch noch Geld verdienen. Zwei Fliegen mit einer Klappe geschlagen.

Wie viele Jahre »out of the job« sind verschmerzbar, ab wann ist man draußen?
Meine erste Chefin hat nach sieben Monaten Pause gesagt: »Oh je, jetzt musst du aber viel nachholen, wir kennen inzwischen sogar schon das Web 2.0 und eine Plattform, die heißt Youtube.« Ganz so streng würde ich es nicht sehen, aber nach drei oder sieben Jahren ist es eigentlich egal, ob du einen neuen Beruf lernst oder ob du deinen alten neu lernst: In jedem Fall musst du noch einmal komplett auf Neustart. Da wir in einer Kultur des lebenslangen Lernens leben, muss das gar nicht schlimm sein, wir müssen darum nur einfach wissen.

Frauen, die mit einem besonderen Sensibilitätsbedürfnis kommen, brauchen eine achtsame Führung zwischen Empathie und Realismus. »Am liebsten würde ich nur dafür bezahlt werden, dass ich so sein darf, wie ich bin«, sagt Susanne. »Ich will nichts mehr leisten müssen.« Eine schwierige Situation, denn So-Sein gibt es noch nicht als Berufsbild, und trotzdem steckt Verwertbares in dieser Aussage:

- »Ich will mich verstecken können, einen Bühnenjob brauche ich nicht.« (Und trotzdem brauchen Frauen wie Susanne immer eine Form von Bühne, auf der sie strahlen können. Und sei es nur katalysiert.)
- »Ich will mich vorbereiten können, damit ich sicher sein kann, dass ich wenig Fehler mache.«
- »Ich will einen Job, der mir Anerkennung bringt, bei dem die Leute, mit denen ich zu tun habe, glücklicher gehen, als sie gekommen sind.«
- »Ich will möglichst nicht entfremdet arbeiten, weil ich die Resonanz brauche.«
- »Ich will nicht kreativ arbeiten, weil Kreativität immer nach subjektiven Maßstäben beurteilt wird.«

Beschwerdemanagement, das hört sich zunächst bedrückend an, könnte aber genau diese Parameter erfüllen. Es kann außerordentlich erfüllend sein, die Fehler anderer auszumerzen beziehungsweise zu versuchen, sie zu begradigen. Es orientiert sich immer an dem, was ist, man muss nicht einen Zustand völlig neu generieren. Es hat mit Menschen zu tun, die anfangs aufgebracht sind und am Ende, wenn man seinen Job gut gemacht hat, zumindest besänftigt. Man kann sein »Ich-möchte-gestreichelt-Werden« voll auf sein Gegenüber projizieren und damit eine Gesprächssituation weich machen und konstruktiv. Der

Vorschlag ist aber nichts für Susanne, dazu fehlt ihr die Ausbildung. Und für eine große, aufwendige Neuausbildung fehlt ihr die Motivation.

Susanne steckt in einem Dilemma: Einerseits findet sie Macht gut, andererseits verabscheut sie jegliche kapitalistische Getriebenheit. Kein Konzern, keine Sendeanstalt, kein Betrieb, kein Medium, die nicht von ihr filetiert werden. »Ich bitte Sie, Sie wissen doch selbst, wie der Journalismus funktioniert«, sagt sie. Und ja, sie hat ja recht: »Irgendwas mit Medien« kommt gleich hinter »Müttercafé«.

Wir spielen den Ball zurück und fragen: »Was sind denn mögliche Berufe oder Bereiche, die sie sich vorstellen können?« Ihre Liste liest sich beeindruckend: Pilotin, Psychologin, Sängerin, eine Schule eröffnen, Herzchirurgin, Chefin. In solchen Momenten kommt es sehr auf meine Tagesform an, ob ich verzweifle oder auf Angriff schalte. (Und natürlich hat das was mit *meinem* Ehrgeiz zu tun, etwas zu finden, das ich für realistisch halte. Ich kann doch die Frau nicht mit »Werde Chef!« entlassen!)

»Was haben diese sechs Berufe gemeinsam?«, frage ich. »Sie haben alle den Hut auf«, antwortet Susanne. Ich würde bestreiten, dass Psychologen dieselbe Chefmacht haben wie Herzchirurgen am Operationstisch oder wie Teamleiter, die Pädagogen, Schulbehörden, Elternschaft und Finanzcontroller an einen Tisch bringen müssen. Aber der Auftrag dahinter wird klar: »Suchen Sie mir einen Job, der nach Chef aussieht, aber mich in meiner romantischen Welt lassen kann.«

Wir müssen noch einmal von vorn anfangen: Wie fühlt sich eine vierzigjährige, kinderlose Frau, die eine innere Leere spürt, Spaß an Macht hat und trotzdem im Kapitalistenhamsterrad nicht mitdrehen möchte? Was gibt dieser Frau Sinn, wenn es das Soziale nicht ist? (Sonst wäre die Lösung ja schon viel näher:

ein Ehrenamt, eine Tätigkeit im lehrenden Bereich, wo sie etwas weitergeben könnte und trotzdem eine Bühne hat, oder die gesetzliche Betreuerin, die für diejenigen in den Ring steigt, die es selbst nicht mehr können ...)

»Könnte ich nicht einen Film drehen?«, unterbricht sie. »Nein«, denke ich traurig, »könntest du nicht. Film ist auch ein Handwerk, oft genug auch Kunst. Du kannst weder das eine noch das andere. Vom Geld, das ein Film kostet, ganz zu schweigen. Nein, Film bitte nicht.«

Wir versuchen noch einmal, herauszudestillieren, was das Unbefriedigende an ihrem alten Job ist. Sie sagt: »Die Gewissheit, dass ich immer für andere arbeiten muss, dass es mich langsam langweilt und dass ich doch diese Leere habe.« Ich glaube, »innere Leere« und »Hunger nach Abenteuer« sind vielleicht Geschwister, aber mehr auch nicht.

Susanne lebt und arbeitet in einer energetisch aufgeladenen Medienwelt, in der täglich suggeriert wird: Der Job muss zumindest zutiefst inspirieren und befriedigen. Zudem ist es heute ziemlich uncool, nur an sich zu denken, Social Work gehört auch irgendwie dazu. Dazwischen die Werbung, die lauter Produkte zeigt, Produkte, Produkte, nichts als Produkte – ohne das Wissen um die aktuelle Lippenstiftfarbe kann man quasi gar nicht aus dem Haus. Wie groß der Druck ist, zeigt sich spätestens mittags um zwölf: Wer nimmt denn bitteschön noch Weißbrot zum Salat? Womöglich hinterher noch eine Latte macchiato mit geschäumter Kuhmilch und Zucker?

Wenn wir mit ihr etwas finden müssen, dann müssen wir Susanne den Druck nehmen, etwas »Sinnvolles« oder »Kreatives« zu wollen, denn beides sind Wünsche, die nicht ihren Bedürfnissen entsprechen. Wer gern schillert, kann dies relativ unbefriedigend als Psychologe tun, wenn ihr ein Neurotiker gegenübersitzt. Und ob Chefs per se ihre Leere füllen, bleibt abzuwarten.

Was wäre denn der Vorteil, zu bleiben und nebenbei etwas Neues anzufangen? – Auf diesen Kompromiss lässt sich Susanne ein. Und wenn sie auf dieser Seite schon »vernünftig« war, dann darf das Hobby auch etwas durchgeknallter sein. Ich komme von dieser Startblocksituation nicht weg: Wer intuitiv Menschen gut einschätzt und sie fast ohne anzufassen manipulieren kann, wäre doch in der Politik gut. Manipulieren, beeinflussen, überzeugen kann ja auch etwas Positives haben.

»Nee, das ist mir zu ernsthaft«, sagt Susanne. »Da habe ich ja wieder diese große Verantwortung für andere, die ich nicht will. Ich bin doch immer noch die Pippi Langstrumpf.«

Dann Poker! Das kann man langsam anfangen, hat einen enormen Nervenkitzel, lebt davon, andere einzuschätzen – und als Frau hat man in der Männerwelt immer noch einen Geschlechterbonus. Susanne strahlt: »Was für eine Idee!« Als sie erfährt, dass man am Wochenende von Turnier zu Turnier fahren kann, dass man das Pokerspiel erst einmal in Seminaren lernen kann, dass es Pokerpaten gibt, die einen in das Geschäft des professionellen Pokerns einführen – da ist sie schon fast draußen, um den ersten Kurs zu buchen.

»Halt, wir müssen noch die anderen Sachen regeln. Diese Idee funktioniert nur, wenn Sie Ihren alten Job behalten, sodass Sie eine Grundlage für Ihr Spiel haben. Und bitte: Lassen Sie sich begleitend von Fachleuten supporten, damit Sie rechtzeitig merken, wenn Sie der Spielsucht verfallen sollten. Und ohne Einverständnis Ihres Freunds ist diese Idee zumindest erschütterbar.«

Susanne repräsentiert für Zukunftsforscher einen Megatrend der kommenden Jahre. Megatrend nennen Zukunftsforscher ein Phänomen immer dann, wenn die Auswirkungen langanhaltend und tiefgreifend sind, zum Beispiel die alternde Gesellschaft.

Matthias Horx, der sich im Hotel mit »Trendpapst Deutschland« eintragen könnte, zitiert in einem Text über »Mindfulness«[28] den Schriftsteller Rüdiger Safranski, der in der heutigen Achtsamkeitsbedürfniswelt eine unglaubliche »Hysteriebereitschaft« festmacht. Wem das zu soziologisch klingt, dem übersetzt die Essayistin Sybille Berg den Begriff: »Wir sind überfordert. Wir sind gereizt. Wir erfahren zu viel und wissen zu wenig. Hilflos strampeln, schneller sein, in zu vollen Verkehrsmitteln, das Dauerrauschen von Gier und Angst, die Erkenntnis, dass man es nicht mehr zu Wohlstand bringen wird, macht: sauer. Neidisch. Aggressiv.«[29]

Laurie Penny nennt diese Frauen »abgefuckt«, kein schöner Begriff, aber deutlich: »Sie sind nicht nur Objekte, sie sind erbärmlich, hoffnungslos überfordert mit den Schwierigkeiten des Erwachsenenlebens, mit der verwirrenden Vielfalt von Möglichkeiten, die die moderne Gesellschaft für sie parat hält, von chirurgischer Unterleibspolitur bis hin zum Dienstleistungsjob. [...] Aus abgefuckten Mädchen werden unglückliche Frauen.«[30] Auch Penny gehört mit ihren Depressionen, Magersüchten und Neurosen nicht zu der strahlenden Zielgruppe. Aber sie unterstellt Frauen, dass sie sich willentlich entscheiden könnten, sich dieser Leere *nicht* auszusetzen. Das bezweifle ich: Wir sind von einer derartig ubiquitären Vergiftung umgeben, dass wir gar nicht anders können, als darauf zu reagieren:

Ob beim Essen, beim Sport, beim Wellness oder in der präventiven Medizin, ständig wird eine permanente Selbstoptimierung erwartet, und auch Facebook, Pinterest und Xing zeigen nur die schönen Seiten des Erfolgs. In welchen Lebensbereichen kommen wir ohne Optimierungsauftrag aus? Können wir bitte endlich einmal dazu übergehen, Leere bei Menschen als das zu verstehen, was sie auch ist – ein Hilferuf? Diese Mordsüberheblichkeit, mit der alle immer meinen, es seien nur die anderen, die Support benötigen – und dann Bücher darüber schreiben, wie es ist, in einer Burn-out-Klinik zu landen[31] oder über einen Ozean zu rudern, um Erfüllung zu finden und nichts anderes anzutreffen als Sonnenbrand, Mückenstiche und Langeweile?[32]

Der Soziologe Hartmut Rosa beschreibt in seinem Buch *Resonanz* die Leere als fehlende Weltbeziehung. »Insgesamt führt dies zu einer Kultur, in der das ultimative Ziel der Lebensführung darin besteht, seine Ressourcenlage zu optimieren: seine Berufsposition zu verbessern, sein Einkommen zu erhöhen, gesünder, attraktiver, fitter zu werden. […] Problematisch erscheint jedoch, dass der Optimierungsprozess von sich aus kein Ende findet.« Ursache für diese Leere sei zum Beispiel eine eklatant sinkende Empathiefähigkeit. Wenn wir in einer Kultur leben, die ständig auf ihr Smartphone schaut, dann sehen wir nicht mehr in andere Gesichter, lernen nicht mehr, sie zu lesen, und können uns irgendwann schlecht in andere Gemütslagen hineinversetzen.

Fühlen wir uns in die Welt geworfen oder in die Welt getragen – das unterscheidet den resonanzarmen vom resonanzreichen Menschen. Ein Einzelner könne an dieser kulturellen Veränderung nichts ausrichten, sie sei ein strukturelles Phänomen, kein persönlich zu beeinflussendes. Natürlich gebe es resonanzfördernde Aktivitäten – Rosa nennt beispielsweise Musik hören, Freunde treffen, im Wald wandern. Doch an der Grundtendenz der Beschleunigung und Vereinsamung der modernen Industriewelt und ihren Folgen – in der man sich selbst wichtig nehmen muss, weil es sonst niemand tut – könne ein Einzelner nichts ausrichten.

Rosa ist moderater als Penny, er *beobachtet* als Soziologe, Penny will eine *Veränderung*. Das ist hehr und jung, hat aber einen Haken: Sie übersieht, dass ein Megatrend nicht das Versagen Einzelner ist, und mit einem vulgären Aufschrei über diesen Zustand ist niemandem geholfen. Leere lässt sich nicht wegzetern. Das muss so deutlich gesagt werden, weil wir Frauen uns sonst sofort wieder nicht optimal optimiert fühlen: »Mist, ich bekomme meine Work-Life-Balance nicht hin, und Beckenboden-Pilates funktioniert bei mir auch nicht …«

Ich habe Susanne ein Jahr später wiedergetroffen, zufällig, auf einem Konzert. Zuerst war mir das ein bisschen peinlich, weil ich dachte, sie fand unsere Idee Pokerspielerin wirklich zu durchgeknallt. Aber ebenso, wie sie damals bei uns sprudelte, erzählte sie auch jetzt: »Ich spiele wirklich Poker, aber nicht so, wie Sie es mir geraten haben. Ich nehme mir einmal im Monat ein Wochenende frei, habe vorgekocht und das Telefon ausgeschaltet. Dann setze ich mich an den Computer und verzocke die vorher festgelegte Summe. Dreimal habe ich schon meinen Gewinn vielfach wieder rausgekriegt, aber darum geht es mir gar nicht. Ich weiß: Es ist wieder Pokerwochenende, und es macht mich nicht schöner, nicht klüger, nicht besser – es ist ein Wochenende nur für mich. Und das tut mir gut. Außerdem habe ich eine Weiterbildung angefangen: Betriebliches Gesundheitsmanagement, weil ich gemerkt habe, dass das Funktionierenmüssen der größte Glücksvermeider ist. Und Burn-out-Prophylaxe soll mein Thema werden, für das ich brenne. Wissen Sie, was ich Freundinnen rate, wenn die mich fragen, was sie gegen Erschöpfung und Depression tun sollen? ›Spielt Poker!‹, sage ich.«

Ich möchte Susanne nicht als Pokergegnerin haben, wenn sie entspannt ist und intuitiv.

Sheryl: Man wird zu einer Frau gemacht

Sie heißt tatsächlich so. Sheryl. Sheryl wie Sandberg, die Facebook-Chefin und Autorin von *Lean In* und *Option B*. Ich fasse es nicht: Vor uns steht eine kleine Ausgabe dieser High-Potential-Frau im Büro.

Der erste Blick: Unsere Sheryl sieht viel besser als als die amerikanische Vorzeigemanagerin: extravaganter sechziger Pixie, dunkelgrünes Lederkostüm und ein Kleinwagen am Handgelenk, pardon, eine Birkin Bag. Würde man mich fragen, ob ich schlichtweg alle meine Gegenstände, die ich besitze, gegen alle ihre Gegenstände eintauschen wollte, ich käme arg in Versuchung.

Sheryl ist diese Blicke gewohnt, sie tut so, als nähme sie diese gar nicht wahr, und erzählt stattdessen aus ihrem Leben: Sie ist die Älteste von vier Mädchen und wuchs in Heidelberg auf, ihr Vater war ein renommierter Professor für Kunstgeschichte, ihre Mutter Immobilienmaklerin, nicht minder erfolgreich. Alle vier Kinder gingen aufs Gymnasium. »Ich weiß noch, als ich meine erste Drei nach Hause brachte«, erzählte Sheryl, »da hat mein Vater mich nur angeschaut und nichts gesagt. Einfach nichts.« (Ich notiere mir im Geist für meine drei Kinder diesen Trick. Ich fürchte, sie würden mein Schweigen gar nicht registrieren.)

Sheryl war offensichtlich folgsam und schloss als Zweitbeste des Landes ihr Abitur ab. Danach Studium der Betriebswirtschaftslehre, Promotion, erste Auslandserfahrungen, schnell Karriere. Irgendwann und wahrscheinlich streng geplant, landete sie bei Siemens in München, lernte dort ihren Mann, einen Controller, kennen, und seitdem lebt sie in Grünwald, dem noblen Vorort der bayrischen Metropole. Ach, drei Kinder hat sie auch noch, und für alle, die jetzt neidisch werden wollen: Sheryl ist gertenschlank, supersportlich, und anzunehmen ist, dass auch in ihrem Haus keine Dreien geschrieben werden. »Nein, ganz so schlimm ist es bei uns nicht. Mein Mann sorgt für den normalen Anteil bei uns. Er lacht immer über meinen manchmal komischen Ehrgeiz. Und in Krisenzeiten halten sich die Mädchen an ihn und nicht an mich.«

Der Schweizer Philosoph Alain de Botton hat in seinem Buch *StatusAngst* die Karriere des Status nachgezeichnet. Früher, und dieses Früher kann man schon bei Jesus, dem Zimmermann, ansiedeln, gab es für Statusarme – gemeint ist der ökonomische Status – drei nützliche Legenden, wie de Botton aufzählt:

- Die Armen sind nicht schuld an ihrem Schicksal; sie sind die nützlichsten Glieder der Gesellschaft.
- Ein geringer Status ist keine Schande.
- Die Reichen sind sündig und verdorben; ihr Reichtum ist Raub an den Armen.

Heute stellt sich ein Wertekonsens zusammen, der das Gegenteil dessen behauptet, womit die Menschen jahrhundertelang lebten:

- Die Reichen sind nützlich – die Armen nicht.
- Armut ist doch eine Schande.
- Die Armen sind sündig und verdorben und verdanken ihre Armut der eigenen Dummheit.

Diese strukturelle Umkehrung von Werten macht deutlich, warum wir dem materiellen Status so zugewandt sind. Hinzu kommt, dass die Kombination Armut und wenig Bildung heute wieder öffentlich ausgestellt wird wie früher der Affenmensch oder die Dame mit Bart. Für jeden Minderreichen ist es ein Labsal, im Fernsehen wenigstens *eine* Hartz-IV-Familie zu sehen,

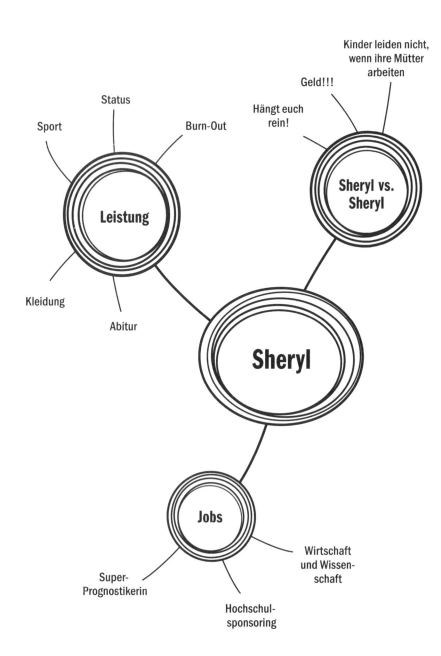

die noch 200 Euro ärmer ist als er selbst – und dazu Kinder hat, die fett, faul und gefräßig inszeniert werden. Nur wenige politische Kämpfer wie Christine Finke, die mit ihrem Blog über alleinerziehende Mütter[33] konsequent ein Thema durchdekliniert, schaffen es, in der Gesellschaft als engagiert, nicht wehleidig, klug und auch manchmal schwach zu gelten – auf keinen Fall aber als Volldepp.

Sheryls Tag beginnt morgens um 5 Uhr: aufstehen, Pilates, Schreibtisch. Bis die Nanny klingelt und die Kinder geweckt werden, hat sie schon die ersten fünfzig Mails beantwortet. »Ich suche einen neuen Job, weil ich neulich ein Feedbackgespräch hatte«, erzählt sie, »mein Chef hat mir klar auf den Kopf zugesagt, dass ich zu viel in meinen Terminkalender packe und er nicht die Verantwortung für meine drei Kinder übernehmen will. Er will nicht, dass ich in einen Burn-out reinrutsche.«

Ich muss hierbei immer an ein Interview in *Brand eins*[34] denken, in dem Professor Ulrich Hegel, Vorsitzender der Stiftung Deutsche Depression, Burn-out als rein deutsches Phänomen schilderte – der Rest der Welt würde diesen Begriff gar nicht kennen. Ursprünglich war der Burn-out Pflegepersonal vorbehalten, die emotional schwer belastende Arbeit verrichteten und an diesem Zuviel erkrankten – Dauerpflege unter extremen Bedingungen machte krank. Irgendwann hatten die Reichen und die Wichtigen diesen Begriff adaptiert, so wie es in den Siebzigern die »Managerkrankheit« gab und Ende des 19. Jahrhunderts die Neurasthenie. Heute steht Burn-out für eine Stress- und Kopfüberforderung, weit entfernt von physisch-körperlicher Arbeit – auch Diagnosen unterliegen dem Zeitgeist. Das zu wissen hilft, sich nicht für eine Generation von Schluffis zu halten. Ärzten ist das Wording ziemlich egal, die Grunderkrankung, die allem zugrunde liegt, nennen sie Depression. Wem allerdings das Wort

»Depression« zu krank klingt, so argumentiert Hegel, darf gerne mit dem Begriff »Burn-out« operieren, wenn er denn damit besser klarkommt.

Sheryl mag weder Burn-out noch Depression – und am allerwenigsten Vernachlässigung. »Warum sagt man das nie einem Mann?«, beschwert sie sich. »Hat jemals ein Porsche-Vorstand erfahren, dass er seine Kinder vernachlässigt?« Ich verstehe ihre Wut. Neben dem Geld, das sie verdient, wird sie ja noch in einer ganz und gar anderen Währung bezahlt, die man nicht so leicht aufgeben möchte: Bestätigung. Aufmerksamkeit. Ruhm. Status. Dafür, dass man nachmittags in überhitzten Schwimmbädern singen muss: »Wir sind beiiim Babyschwimmen und wir haben viiiel Spaß …«

Die PR-Expertin Alexandra von Rehlingen hat in einem *Zeit*-Interview[35] gesagt, dass sie die »unnötige Zeit«, in der die Kinder mit anderen Kindern in Sandkästen gespielt haben, immer delegiert habe. »Die spielen ja dann mit anderen Kindern. Wer am Rand aufpasst, finde ich nicht so wichtig. Mir ist es wichtiger, dass man mit ihnen in die Oper geht, ihnen ein tolles Buch vorliest.« Das muss man sich erst mal trauen zu publizieren.

Mit erfolgreichen Frauen ist es ein bisschen so wie mit den extrem schlanken: Immer werden sie, auch gern maßregelnd, von weniger Schlanken zurechtgewiesen: »Du weißt aber schon, dass bei einem zu niedrigen BMI auch die Haare ausfallen?« Man macht sich ja nur Sorgen, und man wird es mal sagen dürfen. Schlanke dürfen Dicken nicht sagen: »Du weißt aber schon, dass dein Diabetesrisiko dabei enorm steigt?« Gesellschaftlich akzeptiert ist die Rüge von Dicken zu Dünnen, nie umgekehrt. Gesellschaftlich akzeptiert ist die Frage von Erfolglosen an Erfolgreiche: »Und die Kinder? Leiden die nicht?« Was würde passieren, wenn so ein Sheryl-Typ eine Vollzeitmutter in der Kita-Garderobe fragen würde: »Und? Hast du nicht Angst, dass dein Sohn dich später unterstützen muss, weil du altersarm bist?« Neid darf man zeigen, Häme nicht – und beides ist nicht schön.

Sheryl, also unsere Sheryl, hat ihre Art gefunden, mit diesen passiv aggressiven Anfeindungen umzugehen: Sie zieht sich zurück – nicht aus Arroganz, eher aus Unsicherheit. »Was soll ich denn auch einer Freundin raten, wenn sie mich fragt, wie sie mehr Geld verdienen kann? Ich bin doch unglaubwürdig, wenn ich mit ihr eine Strategie erarbeite, wie sie von 1 200 Euro netto auf 1 400 netto kommt – und dabei weiß, dass ich das Zehnfache verdiene.«

»Was würden Sie denn tun, wenn Sie ab morgen kein Geld mehr verdienen dürften?«, frage ich Sheryl. Die Antwort, die sie mir gibt, ist zu flach, als dass ich sie glauben könnte: »Ich würde mir ein gutes Buch kaufen, mit den Kindern spielen, etwas Leckeres kochen. Solche Sachen.« Wir gehen als Präludium, als Vorspiel zu unserer Idee, auf Freizeitfang. Welche Beschäftigungen versprechen ihr ein Maximum an Resonanz und holen sie dennoch aus ihrer Komfortzone? 30 Minuten später steht an der Tafel:[36] »Einem Chor beitreten, einen Tag im Hamam verbringen, mit Boxtraining anfangen, eine Hospitation oder vielleicht ein Ehrenamt bei ›Leonhard‹ – einer Gründungsidee, die Unternehmer und Strafgefangene zusammenbringt –, einmal pilgern, mit Yoga beginnen, einen Klassiker lesen (*Auf der Suche nach der verlorenen Zeit* zum Beispiel oder, wenn es moderner sein soll, etwas von Karl Ove Knausgård), einmal im Wald übernachten, 15 Stunden am Stück alles aufschreiben, was gerade in den Sinn kommt (ohne Radio, ohne Ablenkung, und nur für sich selbst, niemand soll das lesen), einen Improvisationskurs besuchen (auch ohne je Schauspielerin werden zu wollen).«

Fünf Frauen auf der Suche

Frauen sind erheblich stärker als Männer in der Gründungsphase von Herausforderungen betroffen

Cornelia Klaus ist Leiterin der Gründerinnen-Consult in Hannover und so etwas wie ein Seismograf für bundesdeutsche Gründerwirklichkeit. Sie hat sie jeden Tag im Gespräch: die Mütter, die nach der Geburt nur mit einer Nähmaschine bewaffnet individualisierte Turnbeutel nähen, Frauen, die MINT[37] nicht nur ihrem Mann überlassen und Netzwerkerinnen, die das soziale Netz inzwischen für das benutzen, was es richtig hilfreich macht – eine kostenlose Vertriebsbörse. Cornelia Klaus hat mehr Gründerinnen gecoacht, als in eine überdurchschnittlich volle Kita reinpassen.

Welche Kunden eignen sich besonders gut zum Gründen, gibt es so etwas wie einen Charakter-Prototyp?
Der beste Kunde entsteht durch gründliche Analyse der Zielgruppe, durch Empathie und Hineindenken, denn nur so wird das Herzstück der Gründung bedient: der Bedarf der Kundin. Der Wunsch-Kunde probiert Neues gern aus, bleibt dann beständig bei der Gründerin, erkennt und anerkennt den Preis einer Dienstleistung.

Welche Dinge vergessen junge Gründerinnen gern, wenn sie in die Selbstständigkeit gehen?
Ausreichend Budget und Ressourcen für Marketing und Social Media einzuplanen, bei Freiberuflerinnen wird gern vergessen, dass ein Anrufbeantworter kein guter Ersatz für

erste Kundinnen ist. Und manchmal ist »einfach machen« die beste Methode, um zu starten.

Gründen Männer und Frauen gleich oder gibt es Unterschiede im Gründungsverhalten?
Beide gründen anders:
- Frauentypische Branchen sind die Kreativ- und Gesundheitsbranche, der Einzelhandel und der Dienstleistungssektor. Die Technologiebranche und MINT-Berufe sind unterrepräsentiert, trotz steigender Zahlen bei weiblichen Hochschulabsolventen in diesen Fachgebieten.
- Frauen sammeln weniger Berufserfahrung vor der Gründung, weil sie immer noch häufiger familiäre Verantwortung übernehmen.
- Frauen sammeln weniger Führungserfahrung vor der Gründung, weil ihnen die Führung immer noch weniger als Männern zugetraut wird.
- Gründerinnen verfolgen andere Ziele und Motive als Gründer. Unabhängigkeit und die Vereinbarkeit von Privat- und Berufsleben sind für Frauen tendenziell wichtiger als für Männer.
- Inhaberinnen legen neben der wirtschaftlichen Orientierung ihres Unternehmens großen Wert auf einen sozialen und gesellschaftlichen Beitrag mit ihrer Arbeit.
- Frauengeführte Unternehmen wachsen tendenziell langsamer als männergeführte Unternehmen, dafür zeichnet sich die Geschäftspolitik durch besonderes Stabilitäts- und Risikobewusstsein aus.

Frauen sind erheblich stärker als Männer in der Gründungsphase von Herausforderungen betroffen. Das äußert sich in schlechteren Zugangschancen, den Rahmenbedingungen, einer geringeren Qualifikationsverwertung, dem Einkommen, den Wachstumschancen sowie in einer deutlich schlechteren sozialen Absicherung. Der zweite Gleichstellungsbericht der Bundesregierung hat erneut bestätigt, dass dies auch in der beruflichen (Solo-)Selbstständigkeit, obgleich diese gute Karrierechancen für Frauen mit Fach- und Führungserfahrung bedeutet, besondere und vielfältige gleichstellungspolitische Herausforderungen birgt.

Sind das denn immer noch so wenige Frauen, die sich trauen, sich selbstständig zu machen?
Es verwundert nicht, dass weibliche Selbstständige lediglich einen Anteil von 32 Prozent an allen Selbstständigen erreichen und damit nach wie vor unterrepräsentiert sind. In diesen Zahlen spiegeln sich erhebliche Zugangshemmnisse für Frauen und machen »das Wechselspiel von maßgeblich durch die Geschlechterkategorie bestimmten Erwerbsverläufen, Karrierewegen, Chancen und Hindernissen besonders deutlich«.[38] Eine selbstständige Tätigkeit ist für Frauen unter diesen Rahmenbedingungen nur bedingt eine gangbare und empfehlenswerte Option als Alternative zur abhängigen Erwerbstätigkeit und schränkt damit ihre Möglichkeiten ein.

Gleichzeitig sehen Frauen in der beruflichen Selbstständigkeit größere Chancen für eine adäquatere Verwertung ihrer beruflichen und fachlichen Qualifikationen sowie eine bessere Vereinbarkeit durch größere Zeitautonomie und in vielen Fällen eine gute Möglichkeit, berufliche Selbstbestimmtheit und gute Unternehmensideen umzusetzen. Und wenn sie beruflich selbstständig sind, verdienen sie mehr als im vergleichbaren Beschäftigungsverhältnis.

Eine gute Entwicklung ist bei jungen Gründerinnen verstärkt wahrzunehmen: Sie gehen selbstverständlicher den Weg beruflicher Selbstständigkeit an und nutzen besser Vernetzungsmöglichkeiten.

Viele Mütter möchten ein Café oder einen »Laden mit schönen Dingen« haben. Welche Herausforderungen stecken hinter solchen Ideen?
Das ist eine ganze Menge: das Zeitmanagement für die Ladenöffnungszeiten sowie der Administration des Geschäfts, Ressourcen für Urlaub, Krankheit et cetera, Kapitalintensivität durch Wareneinkauf, bevorzugter Standort beziehungsweise Lage des Geschäfts oder Cafés.

Welche Ideen für eine Selbstständigkeit eignen sich für junge Mütter besonders gut, weil sie zeitlich einteilbar sind, flexibel und zum Familienleben passen?
Vor allem Geschäftsideen mit Status Freiberuflerin: Hier kann zumindest flexibler die Zeiteinteilung mit Kundschaft und Umsetzung des Auftrags abgearbeitet werden. Aber Unternehmerin/Gründerin nur auf Vereinbarkeit zu reduzieren, ist zu kurz gegriffen. 60 Prozent aller Gründerinnen haben zum Beispiel gar keine Kinder. Geschäftsideen, die langsam wachsen können und in Teilzeit gestartet werden

können, sind immer besonders erfolgversprechend. Mir fallen da beispielsweise besondere Angebote zu Social Media ein, Online-Shops, Bildungsbereich, Coachee-Angebote oder der Gesundheitsbereich, etwa betriebliches Gesundheitsmanagement.

Jetzt wird es aber Zeit, die beiden Sheryls miteinander zu vergleichen. Wer ist eigentlich Sheryl Sandberg? Müsste man sie mit einem Gericht vergleichen, wäre sie ein All-you-can-eat-Menü auf einem großen amerikanischen Vergnügungsdampfer für eine sehr elitäre Zielgruppe. Denn die Frau hat beruflich wirklich alles mitgenommen, was sich irgendwie mitraffen ließ: McKinsey, Weltbank, US-Finanzministerium, Google und aktuell zusammen mit Mark Zuckerberg Facebook-Chefin. Wer Zahlen lieber mag: Wikipedia schätzt ihr Vermögen auf über eine Milliarde US-Dollar, und im Ranking von *Forbes* ist sie auf Platz vier der mächtigsten Frauen der Welt.

Wenn ausgerechnet diese Frau einen Emanzipationsbestseller mit der Schlagrichtung »Hängt euch rein!«[39] schreibt, klingt das sehr nach Realsatire. Und in der Tat, wenn man in Bremen-Hemelingen sitzt, Sandbergs Buch in die Hand nimmt und liest, wer ihre Heldinnen der Wirklichkeit sind, wirkt es schon ziemlich bizarr: Sie lobt in ihrem Buch eine leitende Angestellte mit zwei Kindern, die ihre Kinder abends bereits mit voller Schulkleidung ins Bett legt, damit sie jeden Morgen wertvolle Minuten spart. »Seit ich selber Kinder habe, halte ich diese Frau für ein Genie«, schreibt Sandberg. Ja, das schreibt sie wirklich!

Seit ich Kinder habe, liebe Frau Sandberg, weiß ich, dass Anekdoten wie diese den Karrieredruck auf Mütter ins Absurde erhöhen. Gibt es auch Möglichkeiten, Beruf und Familie zu vereinbaren, ohne dermaßen ins lächerlich Perfektionistische abgleiten zu müssen? Und ich weiß, dass sich Kinder eh immer wieder andere Zeitverzögerungstechniken ausdenken: Wenn es nicht Kleider sind, die angezogen werden müssen, dann wird auf die Schuluniform gekleckert. Und soll ich was flüstern, Frau Sandberg? Kinder kleckern mit voller Absicht! Ich weiß das, ich habe nämlich drei!

Was Sandbergs Argumentation perfide macht, ist ihre Doppelargumentation: Auf der einen Seite erzählt sie von durchoptimierten Organisationsgenies, zwei Seiten vorher zitiert sie aber die Feministin Gloria Steinem: »Alles geht nicht. Kein Mensch kann zwei Vollzeitjobs machen, perfekte Kinder haben, drei Mahlzeiten am Tag kochen und bis zum Morgengrauen multiple Orgasmen haben. Superwoman ist die Gegenspielerin der Frauenbewegung.« Das erinnert an die vielen Psychotests in irgendwelchen Zeitschriften: »So pimpen Sie Ihren Selbstwert auf!« Und drei Seiten weiter gibt es die Modetrends des Sommers, die suggerieren: Wenn man die nicht mitmacht, ist man leider raus. Auf der einen Seite leichte Sommer-Dips, auf der anderen »Liebe deinen Körper, seine Falten, seine Weisheit«. Das, was summa summarum hängen bleibt, ist: Körper, Körper, Körper, kümmern, kümmern, kümmern.

Was bei Sandbergs *Lean In* hängen bleibt, ist: Hängt euch rein, es ist nie genug. Immer garniert mit dem hinterfotzigen Zusatz: »Perfekt geht aber nicht.« Und gleichzeitig steht sie selbst perfekt geschminkt, perfekt epiliert, perfekt geföhnt, perfekt gekleidet, perfekt eingeduftet, perfekt maniküriert vor uns und sagt damit auch: »Klar, für Normalsterbliche geht perfekt nicht. Aber ich krieg's hin. Ätschgäbele.«[40]

Was aber Sandbergs Buch erstens für mich gut macht, ist ihre Datenfülle zur Entwicklungspsychologie von kleinen Kindern.

Akribisch und wissenschaftlich unterfüttert weist sie nach, dass heutzutage berufstätige Frauen ebenso viel Zeit mit ihren Kindern verbringen wie nichtberufstätige Frauen im Jahr 1975. Ade, schlechtes Gewissen! Wir beschäftigen uns ausreichend viel mit unseren Kindern, damit sie gedeihen.

Was Sandbergs Buch zweitens gut macht, ist ihre amerikanische In-die-Hände-spuck-Art: Sie hat weltweite Circle gegründet, so eine Art Prä-Business-Kaffeeklatsch, in dem sich Frauen ermutigen und motivieren sollen – was ja für eine Facebook-Chefin fast zwingend ist. Keine Frage, erfolgreiche Frauen wie Sandberg selbst würden nie zu so einem Treffen gehen, aber das ist vielleicht auch nur ein fieser Randaspekt.

Und was Sandbergs Buch *Lean In* drittens gut macht, ist die Selbstverständlichkeit, mit der sie von Vorstandsvorsitzenden, Führungskräften und weiblichen Chefs spricht. Nirgendwo kommen schwarze, alleinerziehende Unterprivilegierte vor, werfen ihr Kritiker wie Laurie Penny vor. Natürlich nicht, Sandberg lebt nun einmal in einer Chefblase. Soll sie da für alleinerziehende Vorstadtmütter sprechen – wie unglaubwürdig wäre das denn? Sandberg traut Frauen genau dasselbe zu, was sie auch geschafft hat: die Eroberung der Chefetage. Immerhin, der Vorwurf wegen der Missachtung alleinerziehender Mütter hat sich für Sandberg 2015 erledigt, auf grausame Art: Ihr Mann starb überraschend im Alter von 47 Jahren, und seit diesem Tag muss Sandberg nun immer beides sein: Vater und Mutter, Firmenchefin und Familienorganisatorin, Facebook-Repräsentantin und Keimzellenbeschützerin.

Klar, auch darüber hat sie ein Buch geschrieben: *Option B* ist deutlich kleinlauter als *Lean In*. Auf einmal bekam sie mit, wie viel Arbeit ihr Mann ihr früher abgenommen hatte. Ach was! Aber es ist gemein, sich über sie zu erheben, denn erstens hätte sie auch einfach diese Erkenntnis *nicht* aufschreiben können und zweitens: Immerhin hat sie diese Erkenntnis.

Was wir von Sandberg lernen können, wenn wir ihre Bücher lesen, ihre TED-Talks hören oder ihre Interviews sehen: Immer versucht sie das, was sie privat gerade am meisten beschäftigt, auch zu einem Geschäftsmodell zu machen. Weil sie schlicht so uneitel ist, dass sie denkt: Was mir widerfährt, wird auch andere beschäftigen. Sie kann verhandeln und sich in der reinen Männer-Finanz-Konzernwelt behaupten – und das ist nicht unbedingt das, was sie in Kindertagen gelernt hat. Ihre Mutter war Lehrerin, ihr Vater Augenarzt: Beide mussten nicht um Kundschaft und Quartalszahlen buhlen. Sheryl-Frauen stehen somit für eine bestimmte Art von Berufsethos:

- Frauen können und wollen immer genau dasselbe wie Männer.
- Frauen müssen für ihr Geld selbst einstehen, für ihre Rente auch.
- Frauen haben eine extrem pragmatische Art, die Familienzeit nicht romantisch zu überhöhen, sondern immer schon nach einem zweiten Standbein Ausschau zu halten.
- Frauen suchen oder haben Partner an ihrer Seite, die diese bestimmte Form von weiblichem Ehrgeiz attraktiv finden und bereit sind, bei der gemeinsamen Kindererziehung mitzuhelfen.

Diesen Gender-Rollenwechsel beschreibt sie eindrucksvoll mit dem Heidi-Howard-Experiment in ihrem Buch *Lean In*: Man legte Studenten den Lebenslauf der Unternehmerin Heidi vor, deren Eigenschaften sich vordergründig erfolgreich lasen: kontaktfreudig, gutes Netzwerk, zielstrebig ... Dann änderte man den Vornamen der Unternehmerin und machte aus Heidi Howard, sonst nichts.

Wieder legte man Studenten diesen Lebenslauf vor. Heidi wurde als egoistisch wahrgenommen, vor Howard hatte man Respekt. »Dieses Experiment bestätigt noch einmal, was die Forschung bereits deutlich erwiesen hat. Erfolg und Beliebtheit korrelieren bei Männern positiv und bei Frauen negativ«, resümiert Sandberg.

Und verschweigt, dass genau dieser Rollenwechsel sie zur erfolgreichsten Unternehmerin Amerikas gemacht hat. An ihrem Mann lobt sie seine häuslichen Eigenschaften, seine Nähe zu den Kindern und seinen Stolz, mit denen er seine Frau begleitet und gestützt hat. Sie selbst beginnt keine Rede, kein Interview ohne das klassische »captatio benevolentiae«, ohne das Wohlwollen der Zuhörer zu erlangen, meist durch Komplimente an das Publikum oder Selbstkleinmachung. Kurz, sie muss sehr im Sympathiefeld ackern, damit man ihr nicht eine Hillary-Clinton-Attitüde unterstellt: klug, erfahren, frigide, korrupt.

Mir hilft Sheryl Sandberg sehr. Sie ist für mich ein Symbol für den kapitalistischen Neoliberalismus par excellence. Bei der einen oder anderen Situation innezuhalten und zu fragen, ob sie das auch getan hätte, hilft dabei, Sachverhalte einzuordnen:

- Wäre sie jemals Elternsprecher geworden? Niemals – zu viel Zeitverschwendung. Wenngleich sie sich in ihren Büchern ausdrücklich für Ehrenämter ausspricht, aber fokussiert und niemals aus Prinzip.
- Leidet sie, wenn sie beim Theaterstück ihrer Kinder nicht dabei ist? Wahrscheinlich ebenso wie jede andere Mutter auch – nur kommt sie schneller darüber hinweg.
- Möchte sie nicht viel mehr Zeit mit ihren Kindern verbringen? Wahrscheinlich deutet sie die Zeit, in der sie weg ist, geschickt um und erfreut sich am immateriellen Erbe, das sie ihren Kindern, ihrer Tochter hinterlässt: Frauen können alles genauso wie Männer. Wenn ihr ein Stück von der Torte wollt, nehmt es euch.

Alle Mitarbeiter, mit denen ich zusammenarbeite, können etwas herausragend, was ich nicht kann:
- *Miriam* ist fantastisch in allen Ästhetik- und Marketingfragen. Sie ist eine begnadete Könnerin auf dem Gebiet des Vorkontakts und der Quick-and-dirty-Lösungen.
- *Sebastian* kann inszenieren, als gäbe es kein Morgen und als wäre die ganze Welt ein Theaterstück. Diese Gabe ist so hilfreich wie ein Psychologiestudium, ein Theologiestudium, ein Philosophiestudium – nur unterhaltsamer.
- *Line* ist verbindlicher und glättender, als ich es jemals sein könnte. Wahrscheinlich war sie in ihrem früheren Leben Mediatorin. Oder Angela Merkel, nur in viel hübscher und fröhlicher. Zudem hat sie einen Geschmack, um den sie Designer und Ästheten glühend beneiden, weil er so lässig ist und dabei so unaufgeregt.
- *Frauke* kann, wenn es sein muss, innerhalb von Sekunden auf Psychodramatherapeutin umschalten – das ist faszinierend, wenn man es mal beobachtet. Dann wird aus der pragmatischen Journalistin eine ganz weiche Seelenkraulerin.
- *Annick* ist die nüchterne Naturwissenschaftlerin. Wäre sie nicht so freundlich, glaubte ich manchmal, sie sei eine Vulkanierfrau, unbestechlich.

Ein Gedankenspiel: Nehmen wir an, Sheryl Sandberg würde sich bei uns bewerben und wollte ins Team einsteigen. Dann bekäme sie die Rolle der Rentensicherin, der Finanzstarken, der Kapitalistin. Sie müsste Businesspläne erstellen, prüfen, verwerfen. Sie müsste immer den Erfolg symbolisieren und damit zeigen: Eine Idee, von der ich glaube, dass sie es wert ist, sich mit ihr zu beschäftigen, hat Potenzial. Sie würde Fragen stellen wie:

- Kann die Idee fünf Jahre überdauern?
- Wie viel muss man investieren an Know-how, Grips, Zeit und Geld?
- Lässt sich die Idee skalieren? Kann man daraus später beispielsweise ein Franchisesystem wachsen lassen? Ist der Erfolg dieser Idee immer nur von einzelnen Personen abhängig?
- Welchen pekuniären Wert hat die Idee?
- Was lässt sich mit den erlangten Kompetenzen in fünf, zehn oder fünfzehn Jahren machen?
- Was macht der Partner: Kann er sich verstärkt um die Kinder kümmern, oder gibt es eine andere Back-up-Lösung?

Nur eines würde sie nicht interessieren: Wie viel Aufwand steckt in der Idee? Jemand, den Sheryl Sandberg berät, muss bereit sein, sich reinzuhängen. Selbst ein Burn-out würde vermarktet werden, vielleicht zur besten Anti-Burn-out-App weltweit. Würden wir Sheryl tatsächlich einstellen? Ich fürchte nein, ich hätte zu viel Respekt vor ihrer Stärke. Ist das nicht bescheuert – klein?

Wenn man eine Idee sucht, die zu Sheryl passt, greift man lieber in ein zu hohes Regal. Alles, was normal, machbar, durchschnittlich, entlastend wäre, ist für eine Frau, die von klein auf gewöhnt ist, dass eine Drei nicht geduldet wird, eine Provokation. Sheryl ernst nehmen heißt also, sie zu fordern – und zwar am ehesten intellektuell, weil sie auf diesem Gebiet den meisten Menschen begegnet, die mit ihr auf Augenhöhe sprechen können.

Wenn sie nicht zu alt, zu verheiratet, zu beständig wäre, könnte ich mir gut einen Job als »Super-Prognostikerin« vorstellen – einen Begriff, den ich nicht mehr aus dem Kopf bekomme. Denn das, was sie von Nerds, Profis und Experten unterscheidet, ist ihre geniale Generalität. Man weiß, dass Super-Prognostiker genauere Vorhersagen treffen als Profis – und sogar genauer als Computer. Sie sind im Team besser aufgehoben als allein, und sie sind *geschult* noch besser. Super-Prognostiker sind von Politik, Geheimdiensten und Wirtschaft heiß umschwärmte Zukunftsabschätzer für Fragen wie: Zu wie viel Prozent ist es wahrscheinlich, dass Nordkorea in den kommenden zwei Jahren einen Krieg mit Russland anfängt? Zu wie viel Prozent ist es wahrscheinlich, dass der weltweite Fleischkonsum bereits auf seinem Höhepunkt war und nun auch in der Zukunft weiter abflachen wird? Super-Prognostiker sind hervorragende Rechner, die sich zudem durch ein breites Allgemeinwissen auszeichnen.[41] Und was wichtig bei dieser Tätigkeit ist: Sie sind extrem bescheiden, introvertiert und reflektiert.[42]

- *Inter-Disziplinarität:* Super-Prognostiker sind »taktische Universalisten«. Sie wissen, was sie wissen, aber auch, was sie nicht wissen – aber gerne lernen wollen.
- *Feedback-Lernen:* Super-Prognostiker korrigieren ihre Prognosen öfters und haben keine Scheu, sich selbst zu widersprechen.
- *Teamwork:* Super-Prognostiker beziehen sich häufig auf andere und holen deren Meinung ein. Sie werden in ihren Aussagen noch besser, wenn sie sich in Gruppen zusammentun.
- *Irrtumsaffinität:* Super-Prognostiker lernen schneller an ihren Irrtümern und verstehen das Konzept der Probabilität besser. Sie arbeiten weniger mit Entweder-oder-Kategorien.
- *Selbstreflexion:* Super-Prognostiker erkennen ihre inneren »Affenfallen«. Sie wissen Bescheid über ihre Sehnsüchte, Hoffnungen oder Ängste.
- *Variable Mustererkennung:* Super-Prognostiker arbeiten mit Allegorien in Bezug auf historische Verläufe, ohne diese jedoch eins zu eins auf die Zukunft zu übertragen.

Warum wäre Sheryl für einen solchen Job geeignet? Man castet für die Super-Prognostik bewusst und besonders gern junge, unverheiratete, noch nicht gebundene Menschen – weil bei ihnen auch die Denkstrukturen am wenigsten fix sind und die Lernkurve am steilsten ist. Super-Prognostiker müssen jederzeit in der Lage sein, ihr eigenes Urteil zu revidieren. Und so fies das klingt: Das tut man, wenn man erst einmal verheiratet ist, nicht mehr so leicht.

Unsere Sheryl hört gespannt zu, das Feld interessiert sie. Ist das endlich ein Gebiet, auf dem sie noch einmal »reüssieren« kann, wie sie sagt? Und liegen wir richtig, wenn wir ihr wieder so einen Knochen zum Abnagen hinwerfen? Ich finde, es steht uns nicht zu, zu bewerten, ob die Lösung, die wir gemeinsam finden, gut oder schlecht ist. Die Einzige, die beurteilen kann, ob die Idee passend ist, ist Sheryl und, na ja, ihr Mann.

Wenn Sheryl zu alt für die Super-Prognostik wäre, würden wir einen ähnlichen Job suchen, bei der aber Erfahrung keine Bedrohung, sondern Bereicherung ist. Dann schlagen wir ihr etwa den Bereich Hochschulsponsoring vor, also die Schnittstelle zwischen Forschung und Industrie, die meist interdisziplinär, international und weitreichend ist. Auch bei der Organisation TED (»ideas worth spreading«), die Konferenzen aus Forschung, Wissenschaft, Industrie und Unterhaltung organisiert, könnten wir sie uns gut vorstellen. Wir bitten sie, aufzuschreiben, welche Vorteile diese Weichenstellung für sie hätte. Sie schreibt:

- »Ich wäre aus dem Karrierehamsterrad raus.«
- »Ich hätte ein intellektuell neues, spannendes Feld.«
- »Ich verbinde meine Leidenschaft aus Wissen und Wirtschaft.«
- »Ich komme mit spannenden Leuten zusammen, Leuten, bei denen ich mich nicht verstellen muss.«

- »Ich werde vielleicht reisen können.«
- »Insgesamt wird meine Wochenarbeitszeit sich wieder auf plus/minus 40 Stunden einpendeln.«
- »Ich werde auf beiden Seiten ernst genommen – die akademische Welt goutiert meine Promotion, die wirtschaftliche Welt meine Laufbahn bei Siemens.«

In den nächsten Monaten ist erst einmal Networking angesagt: Sheryl muss unverbindlich vorfühlen, strategische Mittagessen, Konferenzen, Veranstaltungen jeder Art, die ihr Personen vor die Füße spülen könnten, mit denen sie ihre Vision bespricht – das sind jetzt die ersten Schritte.

»Sagen Sie mal«, setzt sie zum Schluss an, »kennen Sie eigentlich die Bücher von Sheryl Sandberg? Ich finde, wir haben nicht nur den Namen gemeinsam. Vielleicht maile ich sie einfach an und gucke mal, ob nicht ein Kontakt möglich wäre.« Sheryl trifft Sheryl – da wäre ich gern Mäuschen.

Milieus, Lebensstile, Frauentypen

Der Trendforscher Peter Wippermann hat schon vor Jahrzehnten die verschiedenen Rollenbilder von Müttern in Deutschland in Sinus-Milieus zusammengetragen:

- *Liberal-Intellektuelle, früher Etablierte:* Sie stellen hohe Erwartungen an ihr Kind – Musikunterricht, Sporterziehung, kein Übergewicht. Die Vertreter dieses Milieus kommen aus der Oberschicht, also Vater vielleicht Richter und Mutter promovierte Gymnasiallehrerin. Oft haben die Familien mehrere Kinder, und jedes von ihnen weiß, wie die aktuelle Bundeskanzlerin mit Vornamen heißt und was die Anforderungen für das Schwimmabzeichen in Gold sind.

- *Konservativ-Etablierte, früher Konservative:* Sie leben eher wertbewahrende Rollenbilder. Da werden auch schon mal Mutters und Vaters alte Kinderbücher vorgelesen oder gleich die Kinderbibel aus dem Schrank geholt.
- *Sozialökologische, früher Postmaterielle:* Sie sind genau das Gegenteil, zwar auch im bürgerlichen Milieu verortet, aber sie wollen die Kinder nur durch eine Lebensphase begleiten. »Hauptsache, mein Kind wird später das, wozu es Lust hat«, ist ein oft zitierter Wunsch. Individualität, Kreativität und Originalität sind wichtige Werte. Hier werden Kinderbücher nicht aus dem Keller geholt, sondern gleich selbst getextet und illustriert.
- *Perfomer, früher Moderne Performer:* Sie sehen ihr Kind als Projekt, demzufolge profihaft ist auch die Performance von Mutter und Vater. Baumhaus selber bauen? Pflicht. Zu wissen, dass Pastinake die Verdauung mehr anregt als Möhre? Ebenfalls.
- *Adaptiv-Pragmatische:* Sie ist wahrscheinlich das, was auch Lisa perfekt simulieren *könnte*, wenngleich sie vom Sinus-Milieu eher zu den »Etablierten« gehört. Die Mutter hat die Aufgabe der Beschützerin, der Vater ist ein aktiver Wochenendpapa. Center-Parcs-Urlaub, Elternvertreterin, Müsliriegel und Capri-Sonne …
- *Die Bürgerliche-Mitte* macht heute 16 Prozent der Gesamtbevölkerung aus, und so groß sie ist, so schwer lässt sie sich gegenüber den anderen Milieus, besonders dem Adaptiv-Pragmatischen, abgrenzen. Die Bürgerliche Mitte ist statusorientiert, familieninteressiert, harmoniefixiert und gehört zu der Gruppe der Smart-Shopper – also gern mal Convenience-Produkte, gern die

Smoothie-Quetschbeutel für die Kinder, das Sagrotan-Hygienewaschmittel oder die Febreze-Duftneutralisierer. Alles, was den latent zwanghaften Trieb dieser Gruppe nährt, wird gekauft: Versicherungen, Prophylaxemedizin, cholesterinarme Butter ...
- *Prekäre, früher Konsummaterialisten:* Sie sehen ihr Kind als Statussymbol, dementsprechend wird es auch als Sinngebungsproduzent eingesetzt. Mutter versorgt die Familie, Vater verdient das Geld – manchmal etwas anstrengend zwanghaft, weshalb es auch anstrengend sein kann, beim Elternabend neben ihnen zu sitzen. Meist haben diese Frauen einen sehr langen Namensnachklapp, nämlich »Meine Frau, die es zum Glück nicht nötig hat zu arbeiten.«
- *Experimentalisten:* Sie wollen mit ihren Kindern befreundet sein. Vor allem die Mütter nutzen dabei jede Gelegenheit, sich selbst auch noch einmal neu zu entdecken: Familienaufstellungswochenenden, Yoga-Seminare für Mutter und Kind, gewaltfreie Kommunikation in der Erziehung – jede Sinnerweiterungschance wird genutzt.
- *Hedonisten:* Vater und Mutter verstehen sich eher als Geschwister ihrer Kinder, sie lassen sich mit dem Vornamen anreden und selbstverständlich gehen sie auch mit auf das Cro-Konzert, zu dem die Kleinen schon immer wollten. Später, in der Pubertät, tauschen Mütter und Töchter die Garderobe. Und wenn man am Wochenende bei den Hedonisten vorbeischaut, trägt der Vater einen Hoodie und die Mutter füllt ihren Youtube-Account.

Zu diesen einzelnen Sinus-Milieus passen auch ganz und gar verschiedene Berufsempfehlungen:
- Die *Liberal-Intellektuellen* versuchen bei Berufsvorschlägen, auf bereits Gelerntes zurückzugreifen. »Never change a win-

ning team«, so könnte ihr Grundsatz sein. Und ihre Argumentation lautet: Hier ist am meisten gelernt worden und kann auch am schnellsten kapitalistischer Lohn (also keine Individualität, keine Anerkennung, kein Spaß, keine Weiterentwicklung) eingefahren werden.

- Die *Konservativ-Etablierten* raten zu dem Sechziger-Jahre-Modell: Bei einem guten Verdienst des Manns übernimmt die Frau die Aufgabe, die Kinder zu hüten, anschließend die Schwiegereltern und die eigenen Eltern zu pflegen und sich als Ausgleich ein Ehrenamt und ein neues Hobby zuzulegen. Finanzielle Verantwortung übernimmt sie, indem sie das Haushaltsgeld im Blick hat und jedem Familienmitglied das ihm zustehende Geld zuteilt.
- Die *Sozialökologischen* würden auf den Lohn erst einmal pfeifen. Ihnen wäre wichtiger, die eigene Individualität zu schulen – schon allein, um diesen Wert ihren Kindern mitgeben zu können. Also suchen sie nach so verrückten Lösungen wie einen französischen Delikatessenwagen auf dem heimischen Wochenmarkt – samt Croissant-Backseminaren und veganen Froschschenkelalternativen.
- Die *Performer* empfehlen vielleicht, einen Kochkurs für Kinder anzubieten, oder irgendetwas, bei dem die Mutter ständig zeigen kann, wie gut ihre eigenen Kinder geraten sind. Vielleicht eine Musicalschule, einen Mädchen-Rhetorikkurs oder etwas mit Theater?
- Die Vertreter der *bürgerlichen Mitte* würden einen Halbtagsjob in einem Schulsekretariat empfehlen, nicht zu viel Ballast, aber immer Abwechslung und Kinder hat man auch in rauen Mengen um sich.
- Die *Experimentalisten* gingen gewagter vor: Vielleicht eine Weiterbildung für Wechseljahrberatung oder die Ausbildung

zum Kleinen Heilpraktiker? Jede Idee hätte vor allem die persönliche Weiterentwicklung der Frau im Blick.
- Die *Hedonisten* würden auf Etsy Bettwäsche anbieten – aus altem Fahnenstoff der DDR. Wenn sich das nicht verkauft, dann schneidern sie aus alten Frotteehandtüchern Kuscheltiere oder helfen in einem Müttercafé hinter der Theke aus.

Heute arbeitet man in der Trendforschung nicht mehr mit Sinus-Modellen, sondern mit Lebensstilen. Sie sind komplexer und beschreiben mehr die Werte, die ein Mensch für sich entwickelt hat. Das Zukunftsinstitut beispielsweise unterscheidet achtzehn verschiedene Lebensstile, vom »Digital Creativiteen« bis zum »Proll Professional«. Für Unternehmen und Betriebe sind diese Einschätzungen wahre Goldgruben, denn sie berichten genau von den Triggerpunkten, die jeder Lebensstil in sich trägt, und wie diese sich für kommerzielle Zwecke nutzen lassen. Ich fasse mal die Lebensstile zusammen, die besonders oft zu uns in die Beratung kommen, weil sie einen neuen Beruf suchen:
- *Neo-Hippies:* Sie leben nach dem »Man-lebt-nur-einmal«-Motto und sind immer auf der Suche nach einem neuen Trend. Fänden sie Roberto Blanco nicht so unsäglich, würde er genau ihr Lebensmotto besingen: Ein bisschen Spaß muss sein.
- *Party-Hopper* sind genauso schnell begeistert wie gelangweilt, deshalb ist auch jeder Beruf, der fast zwangsläufig Routinen entwickeln muss, damit er professionell ablaufen kann, für sie eine Herausforderung bis hin zur Zumutung. Party-Hopper möchten gern einen Designladen mit schönen Dingen eröffnen, wenn sie allerdings hören, dass jeden Montag neue Ware geliefert wird, dann beginnt sie die Idee zu langweilen.
- *Self-Balancer* sind keine Konsumverweigerer, sondern eher Konsumaussucher. Sie rennen nicht jedem Trend hinterher,

suchen aber bei der Berufsberatung vor allem etwas, was ihren Körper und Geist in Einklang hält. Größte Aufgabe für uns: Sie davon zu überzeugen, dass *Yoga machen* das eine ist und *ein Yoga-Studio eröffnen* das andere. Das eine verspricht Harmonie, das andere eher Stress, vor allem wenn man auf Geld und Einnahmen angewiesen ist.

- *Main-Streamer* haben in Zeitungen und Magazinen schon gelesen, dass ein Job, für den man brennt, derzeit sehr hoch im Kurs steht. Und weil ihr Motto lautet: »Lieber praktisch als exklusiv« und »Damit kann man nichts falsch machen«, sind sie ausgesprochen gern gesehene Kunden, weil sie so ein hohes Maß an Pragmatismus und Vorsicht mitbringen. Oft sind sie schon mit kleinen Lösungen zufrieden: Sie wollen nicht brennen, sondern einfach nur eine Lösung, Lisa Müller wäre sicherlich in dieser Wertewelt zu Hause, denn sie lebt die Überzeugung: Wer immer mit dem Strom schwimmt, kann nicht viel falsch machen. Mit dieser grundmoderaten Haltung ist sie genuin gegen alles Extreme, ob im Politischen oder in der Warenwelt. Soziale Akzeptanz ist das höchste Gut für sie.
- *Multi-Performer* sind da ganz anders, sie wollen schlagergittermäßig »alles, und zwar sofort«. Weil sie sich selbst viel abverlangen, verlangen sie auch viel von anderen und ebenso viel von ihrem Job. Er soll nicht weniger sein als ein flambierter Schneeball. Als ich mir Sheryl ausdachte, steckte wahrscheinlich ganz viel von den Multi-Performern in ihr. Aber auch Susanne hat mit ihrer Fähigkeit, dreißig Bälle in der Luft halten zu können, viel mit den Multi-Performern gemein.
- *Neo-Biedermeier* suchen Sicherheit und Glück im Kleinen und sind typische Teetassen-mit-beiden-Händen-Halter: Geborgenheit zu Hause und ein Beruf, der nicht zu viel abverlangt, das bedeutet für sie Glück. Wenn man zu dieser Wertegruppe

noch ein bisschen Tradition und Distinktion packt, dann kann auch Jutta von Bode viel mit ihr anfangen. Vielleicht müsste man das Motto ein bisschen für sie variieren: »Sicherheit und Glück zu Hause bei der Familie« könnte es heißen.

- *Urban Matchas* verstehen ihr Leben als Vorlage für einen Szeneblog in Berlin-Mitte. Sie suchen das Neue und streben ihm nach. Annika Prenzelberg wäre sicherlich eine typische Vertreterin dieses Lebensstils. Die Höchststrafe wäre für sie, irgendwo auf dem Land ohne Internetanschluss und Verbindung zur Außenwelt abgeschnitten zu sein, am besten für Monate.

Wozu dienen nun die Modelle, ob Sinus-Typen oder Lebensstile, ob Urban Matchas oder Annika Prenzelberg? Sie dienen in erster Linie zum Schneisenschlagen. Sicherlich trägt jeder Mensch Mischformen in sich, vielleicht mag ein Trendsetter »Freude schöner Götterfunken« oder ein Neo-Hippie ist als ehrenamtlicher Sterbebegleiter tätig. Aber der Kompass weist trotzdem immer in eine Richtung, und sich die verschiedenen Typen klarzumachen hilft, keine Lösung zu suchen, die einem selbst gefällt oder die der Markt braucht, sondern die der Suchenden hilft, indem sie ihn erfüllt.

Ein solches Gedankenkonstrukt ist also eine nützliche Vereinfachung, nicht mehr und nicht weniger. Natürlich gibt es auch Sheryl-Frauen, die gern auf Etsy Dinge kaufen oder verkaufen, es gibt Lisa-Müller-Frauen, die karriereorientiert denken. Es kann sein, dass es Frauen gibt, die im Beruf sehr werteorientiert sind und in ihrer Freizeit am liebsten bei der Love-Parade mitmachen. Wenn ich hier sehr verkürzt diese Frauen in Reinform vorstelle, dann deshalb, weil man an ihrem Wertekorsett etwas erkennt, das hilft, einen neuen Job zu suchen. Ich weiß, dass jede Realität komplexer ist als fünf Frauentypen – selbst meine Tochter hat schon zehn verschiedene Barbiepuppen. Nur wird die Frage nach einem neuen Job nicht leichter, wenn man vorneweg hundert verschiedene Konstrukte vorstellt – und dennoch vereinfachend bleiben muss.

Diese fünf Frauen sind ebenso Konstrukte wie die Sinus-Milieus oder die Grundformen-der-Angst-Typen. Nehmen Sie sie als Beispiele des radikalen Konstruktivismus, der Menschen ohnehin die Fähigkeit abspricht, objektive Realität überhaupt zu erkennen, geschweige denn wiederzugeben. Jeder Einzelne zimmert sich seine Wahrheit zusammen, und erst der Zusammenschluss vieler Wahrheiten wird zu so etwas annähernd Ähnlichem wie einem objektiven Blick.

JOB-PROFILING FÜR EIN BESSERES LEBEN

Job-Profiling ist ein bisschen wie *Wickie* spielen: Irgendwann reibt man sich die Nase und ruft: »Ich hab's«. Und wenn es gut ist, regnet es danach Sterne. Meine Kollegin nannte mich jahrelang »Uriella«, nach dieser furchtbaren schwarzhaarigen Wahrsagerin, die mit heiligen Silberlöffeln »das Wasser energetisch aufwertet«. Und in der Tat ist die Arbeit eines Job-Profilers oft eine Mischung aus Kriminalistik und Hühnerknochenwerfen.

Ich glaube nicht, dass man diese Gabe besonders gut lernen kann, und doch gibt es viele Momente in meinem Leben, die mir etwas beigebracht haben, was ich für meinen jetzigen Job gebrauchen kann.

- *Mein Vater* brachte mir bei, eine gute Distanz herzustellen – Distanz zu den Dingen, zu den Leuten und mitunter auch zu mir selbst. Oft stand er unter einem klaren Sternenhimmel, schaute hoch und sagte: »Wirste verrückt.« In diesem Satz war alles drin: seine Liebe zur Mathematik, seine Unfähigkeit, diese Sternenmenge zu erfassen, sein Wissen um die eigene Kleinheit, sein Humor, damit umzugehen.
- *Meine Schwestern* brachten mir den Pitbull bei. Dass ich bei der ersten Niederlage nicht aufgebe, verdanke ich den beiden strengsten Lehrerinnen meines Lebens.
- *Mein Patenonkel* brachte mir das absurde Interesse an allem bei. Es konnte sein, dass man ihn besuchte und er aufrichtig neugie-

rig fragte: »Sag einmal, Töchterchen, was hältst du denn von Psalm 103?« Auf die Idee, dass eine Zwölfjährige nicht wissen könnte, was im Psalm 103 steht, kam er erst gar nicht, so ernst nahm er mich. Und das ungehobelte Stammeln, das ich dann herausbrachte, stand schüchtern neben dem geschliffenen Beitrag eines ordinierten Theologen, der ebenfalls in der Runde saß. Demokratie, jeder hat eine Stimme, das war sein Credo.

- *Von meinem Mann* lernte ich das kritische Hinterfragen, um mal seine westfälische Art so homöopathisch minimal wie möglich anzudeuten. Es konnte sein, dass ich mit strahlenden Augen nach Hause kam und er mir sagte: »Egal, was es ist, ich bin dagegen.« Dass er es oft genug nicht ist, ist das kitschige Happy End dieser Anekdote.

Als ich unsere Job-Profiling-Agentur i.do gründete, saßen wir einmal mit drei anderen Pärchen am Esstisch, und ein Vertriebsleiter fragte mich ehrlich interessiert: »Sag mal, was befähigt dich dazu, eine Berufsberatung für Frauen zu gründen?« Mein Mann war schnell: »Chuzpe!« Er hat sechs Jahre studiert, promoviert, praktisches Jahr, Arzt im Praktikum, und jetzt spaziert seine Frau daher und gründet eine Firma, schwuppdiwupp. Vielleicht kann man diesen altjüdischen Begriff »Chuzpe« wenigstens noch mit Empathie anreichern, dann klingt's nicht so hart. Aber er hat recht, denn vor allem braucht man Mut:

- *sich auf andere einzulassen.* Ab mittags muss man eigentlich *der Spur nach* alle Fragen, die man der Kundin, dem Kunden stellt, selbst beantworten können, so sehr muss man sich in die andere Person hineinfühlen können und wollen. So könnte eine Frage lauten: »Wie reisen Sie gern?« Eine Kundin, die vorher erzählt hat, dass sie vegane Küche liebt, das einfache Leben und die Geselligkeit, wird weniger im Wellness-Tempel auf einem Hippie-Camping-Platz zu finden sein. Oder eine andere Frage: »Was sind Ihre Erziehungsideale?« Jemand, der aus seiner Kindheit Drangsalierendes erzählt hat, wird nicht gern wollen, dass die eigenen Kinder unter hohem Leistungsdruck groß werden. Trotzdem, so ist die Macht der Prägung, werden versteckte Leistungsansprüche sichtbar – sei es in der Wahl der Musikinstrumente, welche die Mutter für ihre Kinder wählt, sei es im Umgang mit Medien oder in der politischen Überzeugung, keine Kleider zu kaufen, die unter menschenunwürdigen Umständen produziert werden. Oder man fragt: »Würden Sie gern im Knast arbeiten?« Wahrscheinlich nein, interessant ist allerdings die Ausdifferenzierung dieses Neins: Einen Sonnenschein-Typ wird die Arbeit in einer Justizvollzugsanstalt zu finster sein, einem Freiheitsliebenden zu eingeschlossen, einem kreativen Typ zu formal. All diese Antworten gilt es abzugleichen, nicht damit man wie ein Computerprogramm jemanden liest, sondern um fast in der Haut zu stecken, fast zu denken wie das Gegenüber – nur dann haben wir auch ein Gefühl für die Bedürfnisse, für die ausgesprochenen und die unausgesprochenen, unserer Kunden.

- *seine eigenen Ideen zu verwerfen.* Und wieder zu verwerfen und wieder. Es ist nicht verwerflich zu verwerfen, es ist eine Notwendigkeit für Kreativität.
- *Demut.* Ich weiß noch, dass ich einmal bei einem Ausbildungsleiter der Justiz nach Ausbildungsplätzen für Schließer fragte. Lange Pause. »Wir bilden keine Schließer aus.« Blankes Entsetzen, wo zum Teufel hatte ich angerufen? »›Schließer‹ ist Jargon. Wir bilden Justizvollzugsanwärter Stufe II aus.« Ich sage nach diesem Gespräch nie wieder »Schließer«.
- *der eigenen Intuition zu trauen.* Im richtigen Moment »Das glaube ich nicht!« zu sagen (und zu meinen), das kann man niemandem beibringen – und dennoch schulen.

Ich weigere mich, ein Prinzip, eine Philosophie, eine Anleitung aufzuschreiben, wie man Job-Profiler wird. Eine Chuzpe-Methode könnte jedoch sein, dass man die fünf Frauen, die ich beschrieben habe, als Hilfsprofiler antreten lässt. Können Annika, Sheryl und Co. beim Denken helfen? Ja, sie können! Wenn sie denn immer in Reinform auftreten – vielleicht ein wenig überzeichnet, aber immer ernsthaft –, damit noch deutlicher wird, wofür sie stehen: Jutta folgt Konventionen und Traditionen, Annika ist die DIY-Queen, Lisa die sichere Bank, Susanne achtet auf den Glamourfaktor und Sheryl sind das Ökonomische und die Karriere wichtig.

Kira Singer: Jede hat das Recht auf ihren Traum

Ja, und ich? Ich steuere diese fünf und führe ihre Ideen zusammen. Nur mal so als Gedankenspiel: Nehmen wir an, die fünf säßen mit mir in unserem Besprechungsraum in Hamburg, die Tür ginge auf und herein käme Kira Singer aus Wattenscheid, 39 Jahre, verheiratet, zwei Kinder (19 und 17). Kira trägt einen selbst genähten Lederbeutel, aus so wahnsinnig dickem Leder, dass er sofort ihre Profession verrät: Sie ist Industriedesignerin und macht vieles selbst.

Annika ist deshalb schnell begeistert: »Oh, sogar mit eingebrannten Initialen. Das könntest du doch auch verkaufen?« »Nee«, Kira lächelt höflich, »die Welt hat schon genug Konsumprodukte. Ich muss nicht auch noch späteren Müll produzieren.«

Kira stammt aus Leipzig, viele junge Künstler kommen aus dem Viertel, in dem ihre Eltern eine Jugendherberge leiten. »Mein Vater musste sich nach der Wende relativ rasch einen neuen Job suchen. Er war dann eine Zeit lang Pharmavertreter, aber das war wirklich nicht das, was er wollte. Also haben meine Mutter und er die Jugendherberge gegründet. Für meinen Bruder und mich war das ein Riesenspielplatz: Wir sind nachmittags immer in den großen Garten hinter dem Haus und haben meinem Vater bei irgendwelchen Handwerksarbeiten geholfen.«

Trotzdem hat sich Kira nach ihrem Abitur erst einmal für einen ganz anderen Beruf entschieden: Sie studierte Industriedesign, gewann mit ihrer Abschlussarbeit über einen besonders ergonomischen Zahnarztstuhl einen Preis und ging dann erst einmal zu Airbus nach Hamburg. »Die Arbeit dort mochte ich«, sagt sie.

Hier schaltet sich Sheryl das erste Mal ein: »Warum?«, fragt sie und kneift die Augen zusammen. »Ich mochte mein Team. Ich mochte die Arbeit. Wir haben an dem neuen A 380 die Sitze entworfen. Das ist schon ein cooles Gefühl, wenn man bedenkt, dass so viele Leute irgendwann in einem Sitz sitzen, den ich mitentworfen habe.«

Annika nickt. »Aber irgendwann wurde es dir zu wenig, dass du nur ein Teil des Teams bist, oder? Möchtest du nicht viel lieber deine eigene Stuhlserie entwerfen?« »Nee, es gibt schon genug Stühle auf der Welt«, sagt Kira, »niemand wartet auf noch einen.«

Diese Zurückgenommenheit ist wiederum Susanne fremd. »Es gibt doch in Hamburg den Professor Braungart. Der entwickelt komplett kompostierbare Sitze. Da könntest du doch mal anklopfen?« Kira schüttelt den Kopf. »Ich suche mehr Echtheit, mehr Sinn«, sagt sie, »Konsum habe ich jetzt lange genug gehabt und auch Konsumoptimierung. Das ist eine Tätigkeit, der die Unmittelbarkeit fehlt.«

Jutta hat sich bisher zurückgehalten. »Wie bist du denn aufgewachsen?«, fragt sie. Kira erzählt von ihrer Kindheit, zusammen mit ihrem Bruder hatte sie eine Bande, die nach dem Vorbild von

Emil und die Detektive gegründet wurde. Nach einem halben Jahr lösten sie die Bande wieder auf, in Ermangelung eines brauchbaren Diebes, der der Bande einen Auftrag hätte geben können.

In der Jugend kam die große Rebellion. »Es gab keinen Mist, den wir nicht gemacht haben«, erzählt sie, »Drogen, Ritzen, Magersucht. Es war, als hätte ich diese typischen Pubertätsprobleme konsumiert. Ich habe wirklich alles ausprobiert. Dreimal brachte mich die Polizei nach Hause, einmal blieb ich sitzen. Mein Bruder trieb es noch schlimmer. Der musste sogar einmal Sozialstunden ableisten.«

Lisa: »Und deine eigenen Kinder? Sind die auch so rebellisch?« Kira lächelt: »Das sind die größten Spießer überhaupt. Sie haben sich durch schlimmstes Anpassertum von ihren Eltern distanziert. Mein Sohn ist bei den Jungen Liberalen, meine Tochter leitet einen Pfadfinderstamm.«

Wenn sie sich entscheiden müsste zwischen Echtheit und Sinn – was wäre ihr wichtiger? Eine fiese Frage, Kira überlegt lange. »Die Echtheit im Sinn«, antwortet sie, »und das ist keine Ausrede. Ich suche nicht den entfremdeten Sinn wie zum Beispiel in einer NGO. Ich brauche auch nicht das Therapeutengefühl, um mich selbst ernst zu nehmen. Ich brauche viel eher das Gefühl, das man hat, wenn man einen Acker Kartoffeln bestellt oder wenn man einen ordentlichen Eintopf kocht.«

Annika strahlt, Sheryl schaut sie an und schüttelt den Kopf. Nein, bitte keine Food-Idee sagt ihr Blick und: »Das rechnet sich nicht. Wie viele Kartoffeln willst du am Tag schälen, bis du auf einen Betrag kommst, den das Finanzamt ernst nimmt?« »Dein Finanzamt ist mir scheißegal«, entgegnet ihr Annikas Blick, »jeder hat das Recht auf seinen Traum.«

»Wenn ich ein Lebensmotto haben sollte, dann dieses: Jede hat das Recht auf ihren Traum«, errät Kira Annikas Gedanken und krönt diesen Trumpf auch noch mit den Erlebnissen auf einer Südamerikareise, bei der sie beklaut wurde und dann noch drei Wochen ohne jedes Gepäck weiterreiste. »Es ging, weil es gehen musste. Und andere um Hilfe zu bitten, ist keine Schande.«

Ein paar Parameter zu ihrem Leben: Kira möchte gern wieder voll arbeiten, die Kinder brauchen sie nicht mehr, 2000 Euro brutto wäre das Minimum, das sie verdienen möchte. Ein Umzug kommt nicht infrage. Ihr Mann arbeitet in Wattenscheid bei einem Mittelständler und ist damit zufrieden. Als ihre Stärken nennt sie nicht das Design, nicht die Ästhetik, sondern ihre Fähigkeit zur Improvisation und dennoch die Gesamtstruktur im Augen behalten können.

Während der Pause – Kira geht eine Runde rauchen – diskutieren die fünf Frauen angeregt über Kira:

Sheryl: »Ich möchte gern wissen, warum sie so eine Aversion gegen den Konsum hat. Es gibt doch tausend Spielarten von Konsum: nachhaltigen, fair produzierten, wertigen ...«

Jutta: »Ich finde ihre Resilienz bemerkenswert. Wer so viele Drogen ausprobiert hat und danach wieder auf die Beine kommt, hat doch enorme Kräfte in sich schlummern. Wahrscheinlich weiß sie das gar nicht.«

Lisa: »Auf jeden Fall kann man sie gut mit jungen Leuten zusammenarbeiten lassen. Sie sieht cool aus und regt sich nicht gleich über jede Kleinigkeit auf.«

Susanne: »Ich finde, wir müssen etwas finden, das Ihres ist. Immer hat sie für andere gearbeitet. Als Industriedesignerin musst du so streng nach Vorlage kreativ sein, dass es ganz und gar entfremdet ist. Kein Wunder, dass sie sich nach Echtheit sehnt.«

Annika: »Das steckt ja auch in ihrem Bild mit dem Kartoffelacker. Ich glaube, sie muss nicht unbedingt entwerfen, aber sie sollte etwas machen, was unmittelbar mit ihr zu tun hat.«

Die fünf überlegen, was der Worst Case wäre, den sie Kira empfehlen könnten – manchmal kann man sich über die Antipode nähern. Der Aggressionstrainer Jens Weidner beispielsweise fragt in seinen Seminaren immer zum Abschluss: »Wen aus diesem Kreis würden Sie bei einer schwierigen Verhandlung mitnehmen?« Er sehe, erklärt er, an den gewählten Personen immer die Selbstcharakterisierung. Man wähle automatisch den Teil, der einen harmonisch ergänze. Die Ergänzung, das Gegenteil kann also helfen zu fokussieren.

Sheryl fände den Vorschlag, Virtual Design an der Fachhochschule Kaiserslautern zu studieren, schlimm: »Das ist alles, was sie hasst, mal zwei: Design, Konsum, Entfremdung, plus virtuelle Welten, Berufsnerds und das Gegenteil von Echtheit.«

Jutta fände einen Job bei der Kirche nicht gut. »Obwohl die auf Sinn Wert legen, würde Kira dann ihren Ästhetikanspruch verleugnen. Stell dir die mal in einem Kirchenbüro vor – mit der Handtasche!«

Lisa fände den Vorschlag, alles soll so bleiben, wie es ist, für Kira eine Horrorvorstellung. Schließlich sind Designer eher Neumacher, Vorwärtsstreber, Nichtverweiler. Die wollen nicht stehenbleiben, die wollen schaffen. Und ein Stillstand wäre für sie Marter.

Susanne kann sich Kira überhaupt nicht als Location-Scout beim Film vorstellen. »Da werden zwar auch immer pragmatische Lösungen gesucht, aber das permanente Arbeiten mit narzisstischen Neurotikern würde sie wahnsinnig machen.«

Sheryl grätscht dazwischen: »Aber sie kann Neurosen! Sie hat selber schon jede mitgenommen, die am Wegesrand lag. Kira nimmt so etwas nicht persönlich!«

»Das nicht«, sagt Susanne, »aber es müssen defizitäre Neurosen sein, keine, die aus dem Glamour entwachsen. Da käme sie sich leicht wieder sinnlos vor.«

Annika fände den schlimmsten Job eine eigene Schneiderei: »Allein, den ganzen Tag vor sich hinpuddeln – das wäre zwar kreativ, aber irgendwie auch einsam.«

Nach der Mittagspause bitten die fünf Kira, ihren Auftrag in genau einem Satz zusammenzufassen. Kira wählt: »Mehr Echtheit, mehr Sinn!« Und mit dieser Conclusio kommen fünf Vorschläge heraus, die so unterschiedlich sind, wie die fünf Frauen, die sie machen:

Sheryl entscheidet sich für eine Weiterbildung in Usability, Nützlichkeitsdesign. Vor allem deshalb, weil es in Konzernen zunehmend wichtiger wird und weil es eine sinnvolle Weiterentwicklung ihres Industriedesignstudiums wäre.

Lisa schlägt den Beruf der Lehrerin vor. Zielgruppe Kinder, wuselige Atmosphäre, Nahbarkeit und Unmittelbarkeit. Diese Lösung ist nicht entfremdet.

Susanne hat den Job des Bühnenbauers im Auge. Kreativ, aber nicht neurotisch. Mit handfesten Ergebnissen und dem Leitmotiv, das Kira erwähnte: Jeder hat das Recht auf seinen eigenen Traum.

Annika schlägt Youtube-Tutorial-Coaching vor, weil es eine moderne Richtung ist, die viel mit ästhetischer Gestaltung zu tun hat und ganz viel mit einer jungen Zielgruppe.

Jutta würde ein Ehrenamt bevorzugen. In Wattenscheid kann die Tätigkeit des Streetworkers ehrenamtlich erlernt werden. Und wenn Kira nach ein paar Jahren merkt, dass ihr diese Tätigkeit liegt, kann sie diese ausbauen. Streetworker ist für Jutta vor allem eines: sinnvoll!

Wenn man die fünf Ideen zusammenträgt, kommen wir auf: sinnvolle Weiterentwicklung der ersten Tätigkeit, nicht entfremdet, ein eigenes Projekt, junge Zielgruppe, sinnvoll. Würden wir diese Begriffe noch einmal eindampfen, so kämen wir (nicht

ausschließlich, aber möglicherweise) auf den Beruf der Wohngruppenleiterin. Die Ausbildung dauert zwei Jahre – und Kira hat Eigenschaften, die sie hierfür prädestinieren:
- *Ihre Bierseelenruhe:* Wer so viel eigenen Mist gebaut hat, nimmt andere Mistbauer gelassen auf.
- *Eine sich ständig nach eigenen Bedürfnissen anpassende Zielgruppe:* Wohngruppenleiter werden nicht nur für Jugendliche gesucht, sondern auch für Behinderte, Demenzkranke, Alte.
- *Ihr Wunsch nach Echtheit:* Wie sonst soll man eine Wohngruppe leiten, wenn nicht mit diesen Attributen?
- *Ihr Äußeres, das eine optische Autorität für die Jugendlichen darstellt:* Wenn eine Wohngruppenleiterin sich hinsetzen würde und vielleicht mit jedem, der auszieht, so einen Ledersack nähte, hätte man die beiden Komponenten Sinnhaftigkeit und Ästhetik gut miteinander verbunden.
- *Ihre Fähigkeit zu improvisieren, zu gestalten und zu helfen:* Diese helfen Kira auch bei diesem Job.
- *Ihre Konsumverweigerung:* Diese verschafft ihr eine schmucke Autorität. Jugendliche wollen vor allem Glaubwürdigkeit, aber verarscht werden durch zu viel Betulichkeit wollen sie auch nicht. Hier trifft eine Zielgruppe auf eine Akteurin, die sich nicht anbiedern will, aber die durch ihre Standfestigkeit wirkt.

Wenn Kira diese Weiterbildung zur Wohngruppenleiterin anstrebt, beispielsweise in einem Fernstudium, das zwei Jahre dauert und eine Wochenarbeitszeit von circa acht Stunden bedeutet, sollte sie bedenken, dass Fernstudien generell eine hohe Abbrecherquote haben. Kein Wunder, denn sie hat währenddessen niemanden, der mit ihr paukt, und oft genug scheint es, als werfe man seine Studienereignisse in ein schwarzes Loch. Kira solle also unbedingt dafür sorgen, falls sie keine hohe Eigenmotivation hat, dass sie die Kontrolle über ihren Studienerfolg outsourct: Sie kann Freunde oder andere Gleichgesinnte bitten, sie unbequem jede Woche nach ihren Studienfortschritten abzufragen. Und sie kann sich irgendwelche »Strafen« auferlegen, wenn sie das Wochenpensum nicht geschafft hat.

Und natürlich ganz wichtig: Kira sollte vorher eine Wohngruppe besuchen und sich mit Gruppenleitern unterhalten, um sich ein genaueres Bild von dem Beruf und der Aufgabe zu machen. Leichter lernt es sich dann auch: Denn wenn sie die als sympathisch abgespeichert hat, weiß sie viel besser, wofür sie das alles tut.

Gut ausgebildete Wohngruppenleiter werden händeringend gesucht und in den kommenden Jahren sicher noch mehr als bisher. Für Kira könnte das eine echte Chance sein. Sie findet die Idee jedenfalls ziemlich spannend und will sich in den nächsten Wochen genauer darüber informieren.

Nic Lange: Etwas, wofür ich brenne

Das Lieblingsmärchen, das ich meinen Kindern immer erzählt habe, war das vom Fischer und seiner Frau Ilsebill. Diese Frau würde in unserer heutigen Zeit gar nicht auffallen, und wenn, dann höchstens als »ehrgeizig«, »die weiß, was sie will« und »trendaffin«. Was ist daran verwerflich, nach einem Häuschen, ein Haus, nach einem Haus einen Palast und nach einem Palast ein Schloss zu wollen? Okay, so zu werden wie der liebe Gott, »der die Sonne und den Mond aufgehen lässt«, ist ein bisschen viel.

Meine Tochter hat jedenfalls jahrelang ihren Wunschzettel unterschrieben mit: »Wenn das zu viel Ilsebill ist, dann reicht mir auch ein Lolli – oder fünf.« Ihr Bruder war deutlich pragmatischer: »Hä, nein, wieso? Das muss doch der Weihnachtsmann entscheiden, was zu viel ist!« Und der zweite Bruder, der Älteste, legte den Kopf schief und sagte: »Mama, du sagst ja immer, dass Kinder was aus den Märchen lernen sollen. Sind eher Kinder wie Ilsebill oder eher Erwachsene?« Diese Frage saß. Wenn ich genau darüber nachdenke, dann sind die Wünsche von Kindern fast immer maßvoll: Selbst wenn sie Panini-Karten, ein iPhone (was dem Thermomix ihrer Mütter gleichkommt) und ein BMX-Rad wollen – es sind wir Erwachsenen, die heute Wünsche haben, die an Vergottung reichen.

Ein Job für uns Mütter soll heute nachhaltig sein, sinnvoll, Geld einbringen, halbtags möglich, flexibel, mit einem netten Team, aber auch allein, mit Verantwortung, aber davon bitte nicht zu viel. Man muss für den Job brennen, aber darf in ihm nicht verbrennen. Sicher und sexy, planbar und aufregend. Kurz: Er muss ein flambierter Schneeball sein. Wäre der Job ein Mann, würde George Clooney rauskommen, dreißig Jahre jünger, den Müll trennen, Klassensprecher sein und Yoga lieben.

Ein mit mir befreundeter Anwalt, der wirklich für seinen Job brannte, der für das Leben brennt, seine Frau, seine Kinder, der ein ganz und gar lodernder ist, sagte neulich ernüchternd: »Natürlich brenne ich nicht mehr so für meinen Job wie vor fünf oder zehn Jahren. Das mache ich aber durch Routine wett und dem Wissen, dass man im Leben nicht immer Phasen hat, in denen man lodert. Konsolidierung heißt das in der Wirtschaft, meine Großeltern hätten es noch Demut genannt. Irgendwo dazwischen befinde ich mich: zwischen Konsolidierung und Demut.« Ist er deshalb unglücklich? Nein, zufrieden. Sucht er nach etwas Neuem? Nein, weil er weiß, dass selbst er mit fünfzig,

Mann, erfolgreich, selbstsicher, keinen Job hinterhergeschmissen bekommt – zumindest denkt er das. Und so wie es feine Unterschiede zwischen Resignation und Akzeptanz gibt, so gibt es auch Unterschiede zwischen Ehrgeiz und Ilsebill.

Arbeit wurde in jeder Epoche der Menschheit anders bewertet. Ganz am Anfang stand Arbeit als Strafe, jedenfalls kulturell gesehen, Adam und Eva wurden aus dem Paradies vertrieben mit der Auflage: Im Staube sollst du deiner Hände Arbeit verrichten. Die Frau traf's nicht besser: Unter Schmerzen sollst du gebären. (Ob seit dieser Zeit das Wort »Wehenarbeit« existiert?) Im antiken Griechenland mied Arbeit, wer sie vermeiden konnte – sie war etwas für Sklaven, Unfreie, Leute, die Geld verdienen mussten und sich deshalb den wichtigen Dingen des Lebens nicht zuwenden konnten. Die »wichtigen« Dinge waren zum Beispiel die »artes liberales«, also im heutigen Sinn eher Freizeitthemen. Wer in der Antike arbeitete, galt als Banause und als moralisch unterkomplex. Erst das Christentum adelte Arbeit: Jesus war Zimmermann, er sprach in Gleichnissen von den Arbeitern im Weinberg, und nur ganz selten, etwa im Gleichnis von Maria und Martha, zog er die Muße der Arbeit vor.

Armut galt bis zum Mittelalter nicht als soziales Stigma, das änderte sich erst im 15. Jahrhundert: Der englische Staatsmann Thomas Morus beschrieb sein Paradies, sein »Utopia«, als Land, in dem alle Arbeit hätten und es keine Armut gäbe. In modernem Jargon: Vollbeschäftigung und bedingungsloses Grundeinkommen. Arbeit wurde mehr und mehr das Gegenteil von Müßiggang, als vertändelte Zeit. Kant würde heute von Hedonisten aller Länder filetiert werden für den Satz: »Der Hang zur Ruhe ohne vorherige Arbeit [...] ist Faulheit.«[1]

Diese calvinistische Haltung, Ruhe ohne Anstrengung ist Sünde, wurde verstärkt durch Arbeitsethiken, wie sie der Soziologe Max Weber prägte: Als »protestantische Arbeitsethik« sollte sich in der rastlosen Arbeit der Glaube an Gott offenbaren. Und diese Haltung hat sich durchgezogen, egal mit welcher Staatsform. Hitler überhöhte den 1. Mai, den Tag der Arbeit, als »Tag des werdenden Lebens«. Heute wird Arbeit beziehungsweise die Tätigkeit, mit der man Geld verdient, oft noch weiter überhöht, indem man sie direkt neben Begriffe wie Erfüllung, Identität, Spaß stellt.

Meine erste Arbeitsstelle zeigte ich einmal meinem Vater – heimlich, an Himmelfahrt. Ich hatte einen Schlüssel zum Büro und war überrascht: Alle Chefs waren am Feiertag da und arbeiteten. Mein Vater, damals Vorstand einer Tausend-Mitarbeiter-Firma, lächelte fein. »Schaffen die ihre Arbeit nicht, oder ist das Getue?« Ein Satz, den die fünf Hilfsprofilerinnen natürlich sehr unterschiedlich kommentieren würden. Jutta würde ihm recht geben, Sheryl widersprechen, Lisa Müller müsste erst einmal nachdenken, welche Position sie zu dieser Ansicht einnimmt, und Annika fände den Begriff »Getue« für sich selbst völlig unpassend. Arbeit abzuqualifizieren, käme ihr gleich mit, sich selbst abzuqualifizieren.

Und auch die nächste Ratsuchende, Nic Lange, hat, als sie zur Tür reinkommt, ihren Auftrag schon so vorformuliert, dass er uns wie ein Kalenderspruch den ganzen Tag begleitet: »Ich will etwas, für das ich brenne.« Ich denke: »Würden dir auch ein oder fünf Lollis reichen?«, und lasse sie erst einmal erzählen.

Nic ist die älteste von drei Schwestern, die Mutter war ein Leben lang Hausfrau, der Vater Ingenieur. Sie wuchs im Münsterland auf und wollte nach dem Abitur vor allem eines: sehr schnell raus. »Mir war das alles zu eng. Es gab keinen richtigen Streit zwischen mir und meiner Mutter, wahrscheinlich sind wir dazu viel zu verschieden. Aber wenn ich nur einen Tag so leben müsste wie sie, würde ich eingehen wie eine gepflückte Mohnblume.« Also suchte sie sich, ziemlich clever, einen Studienplatz, der möglichst weit weg von zu Hause war. »Ich wollte nicht jedes Wochenende heimkommandiert werden. Passau war wirklich der äußerste Zipfel. Und immer wenn Gefahr drohte, das heißt, wenn sich meine Eltern ankündigten, sagte ich: ›Oh, es soll aber ein schlimmes Unwetter geben …‹«

Sie studierte BWL, und selbst das war ihr noch zu nah an den Werten ihres Elternhauses. Eines Tages wurde sie von Lufthansa-Personalern auf der Straße angesprochen: Ob sie nicht Lust hätte, Flugbegleiterin zu werden? Sie hatte, zog nach Frankfurt, mit einer Freundin zusammen, und bereiste seitdem die Welt. Wenn man sie fragt, was sie an ihrem Job liebt, dann antwortet sie: »Auf jeden Fall das Arbeiten im Team, die Selbstständigkeit, mit der ich arbeite, und irgendwie immer noch die Herausforderung, die vielen, so unterschiedlichen Passagiere zu bändigen. Da gibt es Freche, Flugängstliche, Eltern von schreienden Kindern oder schlicht von Übelkeit Geplagte. Und für alle muss ich die richtige Ansprache finden. Und ganz toll ist für mich immer die Notfallplanung: Wenn es heiß hergeht, dann bin ich in meinem Element.« Nic ist schnell, bestimmt, fokussiert. Und sie kann sich mit dem nötigen Humor jede Menge Respekt verschaffen. Anbaggernden Gästen zwitschert sie schon mal ein »Coffee, tea oder me?« ins Ohr, gerade so bösartig, dass diese um ihre Unverschämtheit wissen und es ihr gleichzeitig nicht übelnehmen. Nic bekommt den Spagat hin zwischen Unterhaltung und Erziehung.

Ist es zu kitschig, wenn man jetzt noch erzählt, dass sie sich einen Flugkapitän geangelt hat? Ist es, aber trotzdem wahr. Und wie viele Chefärzte heiraten Krankenschwestern, Vorstände Sekretärinnen und Hoteldirektoren Zimmermädchen? Eben! Von einer »Gefällebeziehung« kann jedenfalls bei Nic und ihrem Mann keine Rede sein. »Ich habe den Hut in der Ehe auf«, lacht sie, »und wenn es sein muss, seinen gleich mit. Ich kann das nicht vertragen, wenn er zu Hause so tut, als sei er Kapitän.« Die beiden haben ein Kind, eine Tochter: Mia ist fünf und wird ausgesprochen zur Selbstständigkeit erzogen.

Nic reist alleine mit fremden Kollegen, und auch sonst scheint es, als wolle sie ihrer Mutter bloß nicht nacheifern. »Nein, so schlimm ist es nicht«, sagt sie, »wir verstehen uns besser, seit Mia da ist. Letztes Jahr ist mein Vater gestorben, und wir haben sogar vor, in das Dorf meiner Mutter zu ziehen. Wir beide, mein Mann und ich, haben uns jetzt ausgetobt. Und mit meiner Mutter vor Ort haben wir auch noch einen hervorragenden Babysitter. Ich wäre doof, wenn ich darauf nicht zurückgreifen würde. Wenn es uns irgendwann zu langweilig wird, können wir immer noch zurück in die Stadt.«

Trotz allem: Nic sucht eine neue Aufgabe. »Das kann es doch nicht gewesen sein?«, denkt sie, wenn sie mit ihrem Rollkoffer zu einem neuen Flug aufbricht. Der Job soll kompatibel mit dem Familienleben sein, aber da ist sie relativ geschmeidig – Mutter Hera ist auf ihre neue Rolle gut vorbereitet. »Irgendwie scheint es, als wäre ich aus der Rolle der Flugbegleiterin herausgewachsen«, überlegt sie, »›coffee, tea or me‹ kann ich nicht mehr sagen, ohne lächerlich oder mitleiderregend zu wirken.«

Nachdem sie das gehört haben, sind Jutta, Annika, Lisa, Susanne und Sheryl an der Reihe. Die fünf Frauen notieren den Begriff, der ihnen bei Nic als Erstes einfällt:

- Jutta: »Robustheit.«
- Annika: »Strahlkraft.«
- Lisa: »Pragmatismus.«
- Susanne: »Fröhlichkeit.«
- Sheryl: »Fröhlichkeit, Kommunikationsfähigkeit.«

Das »Strahlen« tritt bei Nic also besonders heraus, das wird sofort deutlich.

Wenn man nun ein »inneres Team« von Nic aufstellte, was würden die einzelnen Teammitglieder sagen? Aber erst einmal: Was ist ein »inneres Team« überhaupt? Den geistigen Vater des inneren Teams, Friedemann Schulz von Thun kennen viele bestimmt noch aus der eigenen Schulzeit. Sein bekanntestes Modell war das 4-Ohren-Modell:[2] Jede Aussage, die wir hören (und die wir sprechen), hören wir auf vier verschiedene Arten – entweder als Appell oder auf der Sachebene oder mit dem Beziehungsohr oder mit einer Selbstoffenbarung.

Ein Beispiel: Mann und Frau, morgens beim Frühstück, der Kleine im Hochstuhl quakt, die Stimmung ist leicht gereizt. »Wann willst du denn wieder anfangen zu arbeiten?«, fragt der Mann, und die Frau hat jetzt vier verschiedene Möglichkeiten zu hören.

- *Appellebene:* »Jetzt tu doch endlich mal was. Hier, nimm dir den Stellenteil der Zeitung und schau nach passenden Anzeigen.«
- *Sachebene:* »Wann möchtest du wieder arbeiten?«
- *Beziehungsebene:* »Ich sehe, wie du mit dem Kleinen langsam an dein Ende kommst. Kann ich dich irgendwie unterstützen? Zum Beispiel mit einer Motivation, das Haus wieder mal zu verlassen?«
- *Selbstoffenbarung:* »Mir wird gerade alles zu viel, und mich drückt die Verantwortung des Alleinerziehers. Kannst du mir helfen, diese Bürde zu schultern?«

Meist wenn es Streit zwischen zwei Menschen gibt, ist ein unterschiedliches Ohr-Modell schuld. Die Frau fühlt sich in die Pflicht genommen, der Mann erzählt etwas von sich. Oder: Es war als reine Sachinformation gemeint, die Frau bekommt es aber auf dem Schuldzuweisungsohr mit.

Dieses Modell hat Friedemann Schulz von Thun erweitert und aus den individuellen Stimmen, die jeder in sich trägt, ein eigenes Modell entwickelt: das innere Team. »Soll ich wieder arbeiten?« Diese Frage könnten zum Beispiel diese inneren Stimmen haben:

- *Die Mutter:* »Und was wird aus meinen Kindern?«
- *Die Emanzipierte:* »Ich will auf eigenen Füßen stehen.«
- *Die Sicherheitsbedachte:* »Ich muss Geld verdienen, damit ich unabhängig bin.«
- *Die Ehefrau:* »Macht ein Job sexy oder Falten?«

Es hilft, diese »Stimmen« einmal aufstellen zu lassen, weil oft Pattsituationen entstehen: Drei Stimmen sind dafür und drei dagegen. Kein Wunder, dass man dann verharrt und sich möglichst nicht bewegt. Man steht quasi auf einer Wippe ganz still in der Mitte und rührt sich nicht. Stillstand.

Sheryl wählt für diese Übung ein Duracell-Häschen aus, das unentwegt trommelt und schreit: »Action, Action, Action!«

Lisa Müller entscheidet sich für den indischen Gott Ganescha, den mit den vier Armen. Irgendwie scheint Nic alles problemlos schultern zu können: Job, Familie, Mutter. Und es scheint, als käme sie selbst dabei nicht zu kurz.

Susanne sieht das anders und nimmt noch einmal den Auftrag vom Anfang: »Ich will etwas, für das ich brenne«, sagt die Egoistin oder, milder, die, die für sich sorgen kann.

Annika hat »coffee, tea oder me« im Ohr und nimmt die »Dienstleisterin«, die sagt: »Ich kann mit jedem.«

Jutta sagt schließlich: »Die ›Reisende‹ in ihr wird immer ›Heimweh‹ haben.«

Mit diesen fünf Stimmen geht es ins Brainstorming, und hinterher gibt es für Nic folgende Vorschläge – wieder entlang an den fünf Frauen, wieder entlang an ihrer Rollenzuteilung.

Die karriereorientierte Sheryl ist ganz pragmatisch. »Ihr gefällt doch prinzipiell ihr Job. Warum wird sie nicht Purserin, also Chefstewardess? Sie will ja ein ganz kleines bisschen mehr bestimmen dürfen und ein ganz klein bisschen weniger Dienstleistung am Fluggast. Purser baut systematisch aus, was sie bislang aufgebaut hat.«

Lisa findet grundsätzlich den Messebereich für sie gut: »Da ist es auch wuselig, man muss ständig auf Zack sein, viele Menschen, viel Durcheinander. Aber sie ist vor Ort und kann abends bei ihrem Kind sein. Vielleicht Veranstaltungsmanagement auf Messen?«

Susanne will mit ihrem Aussehen etwas machen. »Warum geht sie nicht in eine Spielbank und wird Croupier? Ihr gefällt doch, dass die Menschen sie gern anschauen. Und Croupier kann man modulartig lernen – da muss sie nicht noch jahrelang die Schulbank drücken. Aber den Hut hat sie auch dort auf – und irgendwie knisternd ist die Luft dort ebenfalls.«

»Ja, aber reicht ihr das – intellektuell? Die hat doch mal BWL studiert, ich glaube, sie wäre ganz froh, wenn sie noch mal ihren Kopf anstrengen kann«, wendet Annika ein. »Ich wäre für interkulturelle Mediation. Schließlich hat sie doch durch ihren alten Job eine Menge Erfahrung mit den verschiedenen Kulturen. Das nimmt man ihr doch ab, wenn sie sagt: ›Ich weiß, wie die Amerikaner ticken und wie die Asiaten …‹«

Jutta findet sie als Presse- und Unternehmenssprecher gut. »Sie kann reden, aber kann ebenso gut an genau den richtigen Stellen den Mund halten. Sie ist kommunikativ, aber kann ebenso gut charmant nichts sagen. Sie ist eine Erscheinung und hat es gelernt, eine Meute in Schach zu halten.

Purser, Veranstaltungsmanagement, Croupier, interkulturelle Mediation und Unternehmenskommunikation, wieder gibt es für jeden einzelnen Bereich gute Gründe: Purserin ist die naheliegendste Entwicklungsstufe, der Messebereich wäre heimatnäher, der Croupier aufregend, die interkulturelle Mediation etwas Neues zum Lernen und die Unternehmenskommunikation zielt auf Nics große Kommunikationsstärke ab. Wenn wir jetzt diese fünf Begriffe zusammenführen müssten, könnte man auch auf CRM kommen, Crew-Ressource-Management.

70 bis 80 Prozent aller Fehler im Berufsleben gehen auf »menschliches Versagen« zurück. Gerade in Kriseninterventionsbranchen wie der Notaufnahme, bei der Bergrettung oder auch im Cockpit sind die Folgen schwerwiegend. Deswegen hat die NASA in den späteren siebziger Jahren ein Programm entwickelt, um die Flugsicherheit zu erhöhen. Seit dieser Zeit ist es ausdrücklich erwünscht, dass ein Rangniederer einen Ranghöheren korrigiert, um gravierende Fehler zu vermeiden. In CRM-Schulungen werden diese Kommunikationsmethoden auf andere Bereiche übertragen, zum Beispiel auf die Medizin. Es geht um Teamarbeit, Führung und vor allem Demut, in Krisenzeiten auch auf unkonventionelle Ratschläge zu hören. Geschult wird vor allem: die Feedback-Kompetenz, das unterstützende Verhalten in Krisensituationen und das synchrone Ineinanderarbeiten der einzelnen Teammitglieder. Ein Notfallseelsorger kann von einer CRM-Schulung genauso profitieren wie ein Bergretter oder eben ein Purser.

Um eine Berufsempfehlung realistisch zu gestalten, müsste man Nic raten, sich zuallererst bei ihrer Fluggesellschaft nach Möglichkeiten der Weiterbildung zu informieren. Werden die angeboten, eventuell sogar im CRM-Bereich? Oder könnte sie diesen Bereich unterstützen oder gar mitaufbauen? Vielleicht hilft ihr auch ein Kompromiss, den sie ihrem Arbeitgeber vorschlagen könnte nach dem Motto: Entweder ich zahle die Weiterbildung in meiner Arbeitszeit – oder ich opfere meine Freizeit, und die Firma zahlt die Ausbildung. Auf diese Art und Weise signalisiert man Engagement, weil man etwas von sich anbietet und gleichzeitig fordert man selbstbewusst etwas von seinem Arbeitgeber.

Könnte sie eventuell auch beides miteinander kombinieren? Als Purserin zur CRM-Lehrerin? Und welche Art von Ausbildung reicht, um ihr eine genügend große Autorität zu verschaffen? Gibt es vielleicht im CRM-Bereich Nischen, die bislang nicht besetzt wurden? Gibt es andere Branchen, die ebenfalls wie die Medizin von dieser Kommunikationsmethode profitieren könnten, weil ihre Fehlerquote ebenfalls reich an »menschlichem Versagen« ist? Auf jeden Fall gibt es ein paar Gründe, Nic weiter in ihrer Branche arbeiten zu lassen:

- Aufgrund ihrer Berufserfahrung kann sie leichter von der Sympathie zum Respekt wechseln.
- Sie merkt selbst, dass sie langsam zu alt für Schäkerspiele wird. Wechselt sie jetzt noch einmal komplett das Fach, ist sie nicht mehr Profi, sondern nur Animateurin – aber eine Animateurin mit Falten.
- Ihr Mann arbeitet ebenfalls in dieser Branche. Sich freiwillig von einem Feld zu lösen, das sie früher als aufregend und abenteuerlustig empfunden hat, wäre fast so etwas wie eine freiwillige Sterilisation. Sie mag es, wenn ihr Mann von der Arbeit erzählt, und wenn sie in derselben Branche bleibt, dann wird auch er verstehen, wovon sie redet, wenn sie von ihrem Job berichtet.
- Ihr großes Plus, ihre Kerngabe, ist die Kommunikation. Diese kann sie ausbauen und sich auf diesem Gebiet weiter schulen: in öffentlicher Kommunikation, Krisenkommunikation, politischer Kommunikation, interkultureller Kommunikation.

Nic sollte sich vielleicht zunächst einmal ein Buch zum Thema Crew-Ressource-Management oder Fehlermanagement besorgen und ergebnisoffen hineinlesen. Sie muss nicht alles verstehen, was da drinsteht, aber sie sollte sich zumindest für den Inhalt interessieren. Als Nächstes sollte sie über das Intranet ihrer Fluggesellschaft versuchen, andere CRM-Mitarbeiter zu kontaktieren und sie auf ein Mittagessen einzuladen. Jeder erzählt gern über seinen Job – und vielleicht ergibt sich so schon ein erster tragfähiger Kontakt.

Auf jeden Fall wäre diese Idee eine, von der Nic sagen kann, dass sie dafür brennt – ohne dass ihr der böse Märchen-Butt alles wieder entreißt.

Doro: Einfach nur raus!

Einer der blödesten Therapeutensprüche lautet: »Ich glaube, Sie wollen sich gar nicht ändern!« Das ist ein Satz, für den man den Hilfestellungshelfer, der damit seinen hippen Rotwein verdient, mit dem nackten Arsch ins Gesicht springen möchte. »Was erlauben Strunz?«[3]

Es gibt aber eine therapeutische Einstellung, die dem sehr nahekommt, uns bei der Arbeit sehr hilft und die doch genau das Gegenteil ist von: »Sie wollen sich nicht ändern.« Der US-Professor Frank Farrelly entwickelte in den sechziger Jahren die so genannte »provokative Therapie«. »Provokativ« ist hier im Sinne von herauslocken und nicht im Sinne von ärgern gemeint – wobei viele seiner Methoden den normalen Therapeuten mit Salzlampe und Cordhose erst einmal zusammenzucken lassen.

Frank Farrelly, ein Schüler von Karl Rogers, der eine sehr wertschätzende Kommunikation lehrte, saß einmal mit einem

Schizophrenen 90 Stunden zusammen: empathisch, zuhörend, zustimmend, stärkend – ergebnislos. In der 90. Stunde schließlich drehte Farrelly den Spieß um und sagte zu seinem Klienten: »Stimmt, ich glaube, Sie haben recht. Sie können sich nicht mehr ändern, Sie sind zu alt.« Von diesem Moment an, so erzählte Farrelly später von der Initialstunde der provokativen Therapie, sei der Knoten geplatzt, und der Kranke begann, Eigenverantwortung für seine Gesundung zu übernehmen. Farrelly wollte sich nicht unentbehrlich machen als Therapeut, sondern seine Klienten dazu ermutigen, ihre Selbstheilungskräfte zu animieren und ihre Wachstumsbremsen (Feigheit, Faulheit, Fixierung) aufzugeben.

In einer Lern-DVD, welche die Methoden von Farrelly zeigt, sitzt ein sichtbar in sich zusammengesunkener Mann, der von den vielen Selbstmordversuchen seiner Mutter erzählt – bei einigen war er sogar selbst zugegen. Farrelly sagt: »So eine Versagerin, deine Mutter. Nicht mal das hat sie im Leben hinbekommen. Wie ist das für dich, Sohn einer solchen Versagerin zu sein?« Dazu streicht sich der dicke, hässliche Amerikaner über seine Krawatte und lächelt selbstzufrieden. Und der Klient? Nickt erleichtert! *Er nickt!* Endlich mal keiner, der ihn mit Mitleid erstickt, endlich mal jemand, der mit Aggressionen, Humor, Überzeichnung den Kampf einläutet. Die menschenfreundliche Grundhaltung, die Farrelly seinen Klienten gegenüber trotzdem immer behält, überträgt sich. Er macht sich nicht *über* den Klienten lustig, er versucht, *mit ihm* über dessen Schwächen so zu lachen, dass der Klient sie ziehen lassen kann. Die vielen emotional gefütterten Vorteile, die in seinem jetzigen Leben aber längst keine Vorteile mehr sind, können nicht aufgegeben werden, ohne dass sie vorher hinreichend gewürdigt worden wären. Ja, seine Mutter war fürchterlich verantwortungslos in ihren Handlungen, aber muss dieser Umstand in dem jetzigen Leben des Klienten noch eine Rolle spielen?

Ich überlege mir manchmal, wenn wir eine Idee suchen und nicht weiterkommen: Was würde Frank Farrelly jetzt fragen? Und würde uns ein provokativer Einschub weiterhelfen? Vor allem aber frage ich mich: Wo sind meine eigenen Schwachstellen, wenn wir nicht weiterkommen? Was hat das mit mir, mit uns zu tun, wenn wir keine Lösung finden, die passt? Solche Fragen helfen zu verdichten.

Interessanterweise hat es nichts damit zu tun, wie sympathisch oder unsympathisch wir die Frauen finden, die auf der Suche nach einem neuen Job zu uns kommen. Es gibt wenige, die uns nach zehn Stunden Interview unangenehm sind. Bei den meisten, den wirklich allermeisten, stellt sich ein Gefühl ein von: Ich weiß, warum du so und nicht anders gehandelt hast. Am Sympathiefaktor liegt es jedenfalls nicht.

An den mitgeschleppten Schicksalskilos liegt es übrigens auch nicht. Wir hatten mal eine Frau, die um ihre zwei todkranken Kinder kämpfte und deshalb einen neuen Job suchte. Wir hatten mal eine Frau, die zwanzig Jahre lang systematisch vergewaltigt wurde und deshalb einen Beruf ohne Männer wollte. Wir hatten mal eine Frau, die nach ihrer Brustkrebserkrankung kam und als Devise aufgab: »Jetzt bin ich mal dran!« Wir hatten mal ein Elternpaar, dessen Tochter entführt und getötet wurde und die danach nicht in ihren alten banalen Beruf zurückkehren wollten. Alle diese Menschen, denen ich auf Knien danke für das Vertrauen, das sie uns entgegenbrachten, hatten eine Resilienz entwickelt, die vorbildlich war. »Man weiß nie vorher, dass man zu diesen Starken gehört«, sagte die verwaiste Mutter zu mir, »das ist so wie mit Anne Frank, die hat sich vorher auch nicht vorgenommen, mal das berühmteste Tagebuch der Welt zu schreiben.«

Und schließlich liegt es auch nicht am gegensätzlichen Lebensentwurf: Ich kann mir ganz wunderbar leichte, konsumorientierte, hedonistische Ideen für Leute ausdenken, die gerade ein leichtes, konsumorientiertes, hedonistisches Leben führen. Der Wurm muss dem Fisch schmecken und nicht dem Angler. Ich habe sogar mal nach Ausbildungsmöglichkeiten für Dominas gegoogelt: Seitdem weiß ich, dass es in Berlin eine Domina-Akademie gibt, dass diese Tätigkeit »für Quereinsteiger gut geeignet ist« und dass Knotenkunde Teil der Ausbildung ist.

Der Satz mit dem Wurm und dem Angler war nie so richtig wie an diesem Tag.

»Ich muss aus meinem Job raus, sonst bring ich mich um. Oder meinen Chef«, sagt Doro, als sie sich zu uns setzt und den ersten Milchkaffee in der Hand hält. Der Zusatz »Oder meinen Chef« ist sehr entlastend: Wer seinen Chef umbringen will, liegt noch nicht am Boden.

Doro ist 33 Jahre alt, promovierte Chemikerin und lebt allein in Augsburg. Ihr Vater war auch schon Chemiker, die Mutter arbeitete in einer Steuerkanzlei. Doro hat einen älteren Bruder, der ihr bereits drei Nichten und Patenkinder beschert hat. »Ich brauche keine eigenen. Jedes Mal, wenn ich etwas mit Kindern unternehmen will, dann hole ich mir eines und bringe es danach aber auch gern wieder zurück«, lacht sie. Sie ist die Lieblingspatentante, weil sie für all den Quatsch zuständig ist, den ihr Bruder nicht erlauben würde. Im Bett frühstücken, Straußeneier kaufen und kochen – zwei Stunden, sonst sind die noch roh! Nach einem Kinofilm gleich in den nächsten.

In der Schule war sie unentschieden, ob sie den sprachlichen oder den naturwissenschaftlichen Zweig einschlagen sollte. »Und nur, weil so viele Mädchen Englisch wählten, habe ich mich für Chemie entschieden, wahrscheinlich schon damals der reine

Trotz.« Dazu kommt: Wer einen Chemiker als Vater hat, hat keine Angst vor dem Fach. »Chemie ist alles, was wir haben«, sagte der Vater oft am Abendbrottisch, und dann konnte es passieren, dass sie sich in komplizierten Formeldiskussionen verloren. Die Mutter räumte zwischenzeitlich den Tisch ab, spielte mit dem Sohn eine Runde Mühle – und ging dann ins Bett. Chemie war also ziemlich naheliegend für Doro. Und weil sie auch für das Fach eine gewisse Begabung mitbrachte (oder Prägung, je nachdem, wie man's nimmt), war auch die Promotion irgendwie gesetzt.

Ihre Sprachkenntnisse frischt Doro regelmäßig auf, indem sie »strategischen Urlaub« macht, wie sie es nennt: Sie begleitet in einem Ehrenamt englischsprachige blinde Menschen. »Und denen muss ich dann alles übersetzen, was ich sehe. Ich bin quasi ihre Brille. Auf diese Art und Weise kommen wir zu den verrücktesten Themen, und ich bleibe immer auf einem schönen Sprachniveau.«

Doro ist ein handfester, sportlicher Typ und möchte sich irgendwann einen eigenen Hund zulegen. »Mein Kind wird Fell haben. Aber vielleicht schaffe ich mir auch früher einen Hund an, nehme dann einen Pitbull und hetze ihn auf meinen Chef.«

»Was ist denn so schlimm an Ihrem Chef?«, fragt Sheryl, naturalarmiert. Wenn es darum geht zu lernen, wie man Blöd-Chef-Sein vermeidet, ist sie immer schnell dabei. Die Liste, die Doro aufzählt, ist dermaßen umfassend, dass alle halb lachen, halb entsetzt zuhören und zum Schluss sehr laut lachen: Der Chef ist ein Choleriker, der trinkt, unzuverlässig arbeitet und sich nicht an Absprachen hält. Er mobbt, macht anzügliche Bemerkungen und sagt: »Wer bei mir das Wort ›#MeToo‹ in den Mund nimmt, fliegt.« Er schreibt nachts um drei E-Mails und erwartet, dass man »zeitnah« antwortet, hört sich andere Meinungen nicht an und: »Er ist einfach ein Arschloch, wie er im Buche steht«, fasst Doro zusammen.

»Warum bleibst du dann da?« Diese große Frage setzt sich neben sie und macht es sich auf ihrer Armlehne bequem. »Das weiß ich auch nicht. Irgendwie fange ich an, das ganze Fach infrage zu stellen«, sagt sie. »Vielleicht gibt es ja noch was anderes?«

»Ja, in jeder anderen Firma«, sagt Sheryl erstaunt. »Was, zum Teufel, hält Sie denn da?« »Ich muss erst wissen, in welche Richtung ich losgaloppieren will, erst dann kann ich kündigen«, antwortet Doro.

Es wird beschlossen, mit Doro eine Übung zu machen. Alle fragen sie: »Warum haben Sie Chemie studiert?« 20 Minuten lang wird die Frage ungefähr dreißig- bis vierzigmal wiederholt, und jedes Mal muss sie wieder und neu darauf antworten. Die Antworten werden unreflektierter, unmittelbarer, unbewusster, je länger diese Übung dauert. Doro listet auf: »weil es mir Spaß macht, weil das Fach interessant ist und viele Möglichkeiten bietet, weil man damit Geld verdienen kann, weil ich in Chemie eine Eins hatte, weil ich etwas machen wollte, was nicht alle machen, weil ich das Fach von meinem Vater kannte, weil mein Vater schon das Fach liebte, weil er mir das Fach zutraute, weil es machbar war, weil ich viele nette Jungs im Studium hatte, weil ich die Genauigkeit liebe, weil ich mich in Mikrodingen verlieren kann, weil alles seine Ordnung braucht im Leben, weil es ein Fach ohne Moral ist, weil es trotzdem moralisch ist, weil es ging, weil mein Bruder sagte, ich sollte das machen, weil ich lieber tüftele, als so Frauenberufe zu machen, weil ich Geld brauchte.«[4]

Irgendwie klingt das nach einer sehr pragmatischen Lösung, die trotzdem nicht falsch sein muss. Denn Doro macht nicht den Eindruck, dass sie das falsche Fach gewählt hat – sie ist nur von ihrem narzisstischen Chef so genervt, dass sie am liebsten die Brocken hinschmeißen würde. Trotzdem gibt es noch ein paar

Fragen, die beantwortet werden müssen, bevor man sich ans Sichten und Lichten machen kann.

Sheryl will wissen, wie viel Geld Doro braucht: Ist sie ein Mensch, dem Konsum Identität verleiht, oder ist es nur »nice to have«? »Ich finde Konsum schön, aber noch schöner finde ich es, mit Freunden zusammenzusitzen und Spaß zu haben. Eine gute Gemeinschaft ersetzt jede Handtasche. Leider komme ich in das Alter, in dem fast alle Kinder haben, und da dünnen die Freundschaften doch etwas aus.«

»Willst du denn keine Kinder haben?«, fragt Jutta. »Nee, ich glaube, zu mir passen eher Patenkinder. Die finde ich toll und jede auf ihre Art bereichernd. Aber ich gebe zu, das Wiederabgeben genieße ich auch schon sehr.«

Annika will wissen, wofür man Chemie am meisten benötigt: für Analysen, für Erfindungen, für Verbesserungen? »Das kann man auf keinen Fall pauschal beantworten, das kommt sehr darauf an, in welchem Bereich ich arbeite. ›Weder noch‹ würde ich sagen, wenn man in der Grundlagenforschung arbeitet oder in der Lehre oder in der medizinischen Forschung. Ich selbst hänge nicht daran, einen Kunststoff zu entwickeln, der vollkompostierbar ist, aber ich hänge daran, die Welt nicht zu einem schlechten Ort zu machen. Ich finde, ein bisschen Moral darf schon sein.«

»Was ist denn für dich Moral?«, setzt Lisa ein. »Nein, jetzt nicht wieder dieses Spiel«, erwidert Doro lachend, »Moral muss nicht im kirchlichen, christlichen oder sozialen Sinn verstanden werden. Ich glaube, die ganz normale Pragmatikmoral reicht schon aus, um mir Sinn zu vermitteln.«

Die fünf Hilfsprofilerinnen sitzen zusammen und brüten. Was ist die Kernaussage von Doro, wonach sollen sie suchen?

»Weg von dem Arschloch«, sagt Sheryl, »eindeutig der erste Auftrag.«

»Ja, aber die Chemie nicht aufgeben«, meint Lisa, »das finde ich auch ziemlich eindeutig.«

»Raus aus dem System, das mich gefangen hält«, Susanne ist Kraft ihrer Rolle für etwas Theatralisches.

»Sie kann gut mit Kindern«, setzt Annika ein, »es liegt doch nahe, hier an MINT zu denken.«

»Ich finde ihre Präzision bemerkenswert, auch wenn das nur auf den zweiten Blick auffällt«, sagt Jutta, »denkt nur mal an die 20-Minuten-Aufgabe: Andere Frauen antworten viel ungenauer, wenn sie unter solchem Zeitdruck stehen. Aber jede ihrer Antworten hatte wirklich etwas mit ihr zu tun.«

Sheryl würde ihr empfehlen, schnellstens den Konzern zu wechseln. Und warum nicht in eine Branche, die per se weiblicher ist? Etwa einen Kosmetikkonzern, vielleicht sogar einen ökologisch nachhaltig produzierenden? Lisa entscheidet sich, »auch wenn ich das schon mal vorgeschlagen habe, für den Chemielehrer. Als Zweitfach Englisch. Die Zusatzqualifizierung ist machbar und Naturwissenschaften werden händeringend gesucht. Und: Man kann die Kinder gegen 14 Uhr wieder abgeben.«

Susanne würde ihr gern zu mehr Abstand verhelfen. Damit sie diese Berufserfahrung auch komplett hinter sich lassen kann, fände sie ein Anheuern auf einem Kreuzfahrtschiff nicht schlecht. »Raus aus dem System, raus aus dem Land. Was hält sie denn hier? Die Kinder ihres Bruders sind in einem Jahr auch noch da.« Annika schlägt eine Franchise-Selbstständigkeit vor: nämlich Schülerhilfe. Und Jutta wählt als Neuausrichtung QM, also Qualitätsmanagement, weil Doro die Genauigkeit, die es dazu braucht, intus hat.

Ja, und ich? Ich entscheide mich für das Bundeskriminalamt, Abteilung Spurensicherung. Irgendwie ist mir der Wunsch nach einem starken Team nicht aus dem Kopf gegangen – und je härter der Wind von außen ist, desto mehr hält man im Team zusammen. Wer bei einem Gewaltverbrechen Spuren sichert und analysiert, hat den Kopf mit anderen Dingen voll, als seine Kollegen oder seine Chefs doof zu finden. Auch hat das BKA die Art von Alltagsmoral, die sich Doro gewünscht hat: Sicher für die gute Sache kämpfen, aber bitte ohne Gedöns. Alternativ kann man auch in benachbarten Branchen schauen: Auch der Zoll zum Beispiel arbeitet im höheren naturwissenschaftlichen Verwaltungsdienst mit Chemikern zusammen.

»Es muss alles seine Ordnung haben«, das war einer ihrer 20-Minuten-Antworten – und wer mithilft, ein Verbrechen aufzuklären, sorgt für die große Ordnung. Vor allem aber ist es erst einmal dieses: raus! Raus aus der Konzernwelt, in der man mit gewetzten Messern an den Ellenbogen seine eigene Karriere anschiebt. Es ist allerdings noch zu klären, ob ihr das Gehalt einer gehobenen Beamtin reichen wird – notfalls muss sie noch einmal an ihren Satz erinnert werden: »Eine gute Gemeinschaft ersetzt jede Handtasche.«

»BKA – wow«, Doro ist erst einmal sprachlos, was ja nicht das Schlechteste sein muss. Wenn man sie fragt, was ihr an dem Vorschlag gefällt, dann listet sie auf:

- *Team:* »Das Team, jedenfalls das, was ich mir unter BKA-Team vorstelle.«
- *Aufgaben:* »Die Aufgaben, die ein langes Lernen erforderlich machen. Gerade im Bereich der Serontologie hat man noch lange nicht ausgeforscht und manche DNA-Analyse wird heute, fünfzig Jahre nach einem Verbrechen, erst gelöst.«
- *Moral:* »Die hemdsärmelige Art von Moral. Ich hoffe, dass die Proben anonymisiert eingeschickt werden, sodass man als Chemiker auch nicht weiß, welchen Fall man gerade untersucht. Anderenfalls wäre das mit der geforderten Neutralität wahrscheinlich schwierig.«

»So, und was wäre der Nachteil?«, bohre ich nach. »Der Umzug in eine der drei Städte, dann müsste ich von den Kindern meines Bruders weg. Und wir hängen schon sehr aneinander.« Puh, Augsburg liegt wirklich nicht neben Meckenheim oder Wiesbaden, von Berlin ganz zu schweigen. Hat es denn Vorteile, mit diesem Plan B erst einmal weiterzuarbeiten, bis die Nichten größer sind? »Nein, hat es nicht, weil all diese Behörden ja ein Höchsteintrittsalter verlangen«, sage ich, »und auf diese Grenze steuern Sie langsam zu.«

Die sinnvollste Vorgehensweise wäre nun also, erst einmal die Bewerbungschancen auszuloten. Dazu kann es hilfreich sein, sich drei Wochen am Stück Urlaub zu nehmen, um in diese drei Städte zu reisen und mit den verantwortlichen Personalern beim BKA zu reden: Haben sie gerade Stellenmangel, oder gibt es viele unbesetzte Stellen? Welche Eintrittsforderungen werden an Bewerber wie Doro gestellt? Gäbe es überhaupt noch Chancen, sich auch in höherem Alter beim BKA zu bewerben, wenn man beim ersten Mal nicht genommen wird? Und kann man bei einem kriminaltechnischen Institut mal ein Praktikum oder eine Hospitation machen, um sich die Aufgaben anzuschauen, mit denen man später zu tun hat?

»Wissen Sie, wenn es nur den *einen* Vorteil hätte: Wenn ich morgen meinen Chef sehe, dann weiß ich, dass es nicht die einzige Möglichkeit ist, die ich habe«, fasst Doro für sich zusammen. »Und jetzt muss ich genau für mich den Preis abwägen, den ich bereit bin, für einen radikalen Wechsel zu zahlen. Aber allein zu wissen, dass man wechseln *könnte*, entlastet mich und lässt mich wieder handlungsaktiv werden.«

Raus aus der Opferhaltung, rein in die Selbstverantwortung: Frank Farrelly wäre stolz, wie schnell Doro den Komfort ihrer Gewohnheit reflektiert. Selbst wenn sie sich entscheiden würde, in dem alten Unternehmen zu bleiben: Sie täte es jetzt aus einer eigenverantwortlichen Position heraus.

Warum manche Moden modern, aber nicht hilfreich sind

Gibt man bei Google das Wort »Berufsfindung« ein, erhält man 775 000 Ergebnisse. 775 000 Seiten, die einem erklären, wie man den Traumberuf findet,[5] wie man endlich »für seinen Job brennt«, »Glück im Job findet«, »die Berufung, die in einem schlummert« erkennt. (Gibt es eigentlich schlafende Berufungen?) Ich glaube, es ist Zeitgeist, dass man einen vergottenden Beruf zur Identität braucht. Vor einhundert Jahren hatte man diesen Anspruch nicht, in einhundert Jahren wird es ihn höchstwahrscheinlich ebenfalls nicht mehr geben, weil wir dann ein bedingungsloses Grundeinkommen, computergesteuerte Roboter oder schlichtweg andere Probleme haben, auf die wir uns konzentrieren.

Es gibt ein paar Moden, die verhindern, dass man einen Job findet, der zu einem passt. Wenn ich die tausend Beratungen, die ich in den vergangenen sieben Jahren gemacht habe, zusammenfasse, so fallen mir vier »Moden« als besonders glücksverhindernd auf:
- Den eigenen Traum leben,
- Die perfekte Instagram-Welt,
- Coaching für alle,
- Hygge und Yomo machen glücklich.

Schauen wir uns diese Moden im Einzelnen an.

Den eigenen Traum leben

Träume nicht dein Leben – lebe deinen Traum: Das ist ein Anspruch, der auf Poesiealbumseiten niedlich aussieht, nicht aber in der Realität. Weil er unter Druck setzt. Weil er suggeriert, dass man das Leben verpasst, wenn man es nicht »traumhaft« lebt. Weil er kaum umsetzbar ist. Verena Kast, die Schweizer Psychologin und Professorin an der Universität Zürich stellt in einem Interview über Trauer in den *Sternstunden Philosophie*[6] sinngemäß fest: »Die Menschen sagen alle, dass sie glücklich leben wollen, aber sie verwechseln die Begrifflichkeiten. Sie meinen in Wirklichkeit: Sie wollen lebendig leben. Und Trauer ist etwas sehr Lebendiges.«

Mich erinnert ihre Sequenz an den Kalauer: »Keine Probleme zu haben ist auch keine Lösung.« Und dabei muss ich an viele Kundinnen denken, die zu uns kommen und klagen: »Ich habe keine Geldsorgen, für meine Rente ist gesorgt, ich habe super Kinder und einen noch tolleren Mann, wir leben in einer tollen Gegend, meine Eltern sind nett, ich habe viele Freunde, aber ich bin kreuzunglücklich.«

Eine Kundin nestelte einmal aus ihrem Portemonnaie einen Zettel mit einem Spruch der französischen Schriftstellerin François Sagan heraus: »Wer ohne Grund traurig ist, hat Grund, traurig zu sein.« Und sie erklärte uns: »Das ist mein Lebensmotto. Weil es aber so peinlich ist, rede ich mit niemandem darüber, denn natürlich weiß ich, dass das eigentlich voll neurotisch ist.« Mir tat die Frau leid, weil ich mir immer denke, dass so Glückskeksmist wie »Lebe deinen Traum« mitschuldig daran ist, dass die Ansprüche einer jeden Einzelnen unerreichbar hoch sind.

Der Kulturwissenschaftler Robert Pfaller hat in seinem Buch *Erwachsenensprache* das Dilemma punktgenau filetiert. Früher, da waren die Leute das Jahr über Spießer und ließen am Freitagabend, wenn der Lohn gezahlt wurde, oder an Karneval die Sau raus: einmal Cowboy sein, einmal die ganz verrückte Sause, bevor man wieder zu Heim und Herd zurückkehrte. Man nahm sich ritualisierte Auszeiten, die man ebenso spießig auf Teufel komm raus genoss. Heute wollen wir das ganze Leben über Cowboy sein. Es muss der ultimative Traum sein, den wir leben wollen. Zu diesem Traum gehört der Beruf an erster Stelle. Denn so viel haben wir von unseren Eltern schon noch gelernt: Spaß macht der Beruf nicht immer. Und wenn man schon malochen muss, dann wenigstens mit Spaß.

Warum sind diese Lebensweisheiten für die Jobsuche giftig? Weil sie die 100-Prozent-Lösung suggerieren, die es aber nur selten gibt. Sehr selten sogar! Weil sie so stark unter Druck setzen, dass sie von der richtigen Suche ablenken. Wenn wir also Traumsucherinnen als Kunden haben, dann suchen wir immer zuerst nach dem Vorteil des Traumsuchens: Ist es eine (unbewusste) Strategie, den Job so hoch zu hängen, dass man leider keinen passenden finden kann? Welchen Ponyhof von den genannten darf man streichen, um von der Traumlösung zu einer machbaren Lösung zu kommen? Werden so viele (unrealistische) Wünsche genannt, um zu verschleiern, dass man sich Arbeit nicht zutraut? Eine Frau auf der Suche, eine promovierte Soziologin, nannte einmal folgende Wünsche:

- 10 bis 15 Wochenstunden arbeiten, denn mehr seien wegen des Kindes nicht drin,
- nicht freiberuflich arbeiten, sondern fest angestellt,
- 1 500 Euro netto verdienen, plus Alterszulage, plus Fahrtgeld,
- die Möglichkeit zum Home-Office haben,
- gerne draußen arbeiten, zumindest nicht immer an einem festen Arbeitsplatz,

- möglichst ohne Männer arbeiten (»Das sind immer solche Gockel ...«),
- im Fachgebiet der Promotion weiterarbeiten.

»Ich bin eine promovierte Soziologin, da muss es doch etwas geben ...«, war ihr meistgenannter Satz des Tages. Der Satz »Lebe deinen Traum« stand auf ihrer Handyhülle – wie eine Drohung. Ich habe geschwitzt, gehadert, geflucht und vor allem mir und meinem Spatzenhirn die Schuld gegeben, dass wir nichts Passendes finden konnten. Auch heute fällt es mir wahnsinnig schwer anzuerkennen, dass manche Frauen keine Lösung einkaufen wollen.

Der eigentliche Auftrag der Soziologin lautete also nicht: »Suchen Sie mir einen Job, der zu mir passt«, sondern: »Entbeinen Sie mein Leben von meinen Ansprüchen, sodass ich die Möglichkeit habe, mit ihm zurechtzukommen.« Erst als wir ihr von einem (möglichen) verhängnisvollen Erbe erzählten, das sie ihrer Tochter mit diesem Anspruchsdenken vorleben und mitgeben würde, konnte sie loslassen. Ein halbes Jahr später erhielt ich eine Mail von ihr: »Ich habe mein Yoga aufgegeben. Und auch meine Detox-Kuren. Irgendwie brauche ich es grad nicht mehr.«

Erst da konnte ich den geänderten Auftrag annehmen. Bis dahin hatte ich gezweifelt. Auch eine Form von Narzissmus.

Die perfekte Instagram-Welt

Ich glaube, das Perfide an Instagram ist der ubiquitäre Neid. Man wird durch die Ästhetik einfach immer und überall daran erinnert, dass es andere besser, schöner, nachhaltiger machen. Dieses ganze Wir-sind-so-glücklich-Posing, der ganze Verlogenheitsmist, dieser Effizienz-und-dabei-noch-gut-aussehen-Battle. Es gibt zum Beispiel »Sunday-prepare«-Instagramer, die am Sonntag zeigen, wie appetitlich der gesamte vorbereitete Schulpausensnack ihrer Kinder aussieht. Am Sonntag, für die gesamte kommende Woche! Entweder man lacht über diesen fast krankhaften Perfektionismus – der selbstverständlich supergesund und nachhaltig in wiederverwertbarem Wachspapier eingeschlagen wird oder in einer individualisierten Brotdose ruht – oder man fühlt sich schlecht. Die Schulbrote, die meine Tochter sich jeden Morgen selbst schmiert, sehen aus wie Dresden anno 1845 – garantiert würde ich sie nicht mal meiner Nachbarin zeigen (und die ist sehr nett).

Wenn man jetzt zehn-, zwanzig- oder fünfzigmal am Tag sieht, dass »alle anderen« Zeit, Muße und sogar Lust haben, aus Radieschen kleine Mäuse zu schnitzen mit einem Pfefferkorn als Nase,[7] wirkt sich das auch, so paradox das klingt, irgendwann auf die Motivation, einen guten Beruf zu suchen, aus:

Was soll ich denn noch alles schaffen? Mir steht ja jetzt schon das Wasser bis zum Hals. Meine Aufgabe ist doch eigentlich im Augenblick, für meine Kinder da zu sein. Darf ich mich so egoistisch um mich kümmern? Gibt es in dieser durchkapitalisierten Welt eigentlich etwas Wichtigeres und Nachhaltigeres, als Kinder gut zu erziehen? Zweifellos ist Erziehung heute ein aufwendigeres Unterfangen als noch vor dreißig Jahren. Ist da noch Platz für meinen Job?

Wer den Wahnsinn einmal geballt sehen möchte, suche bei Instagram nach dem Schlagwort »selbstgemachte Schultüte«. Und überlege oder frage nach, wie die Schultüte aussehen würde, wenn sie die Väter basteln würden. (Ich habe einmal eine »Väter-Schultüte« gesehen. Der Mann hat, kein Witz, drei Schrauben und sieben Muttern draufgeklebt und einen Dremel plus Schraubenzieher reingesteckt. Das Kind war selig. Arbeitsaufwand: 7 Minuten. Instagramkompatibel: nein.)

Coaching für alle

Coaching ist eine feine Sache – für sich selbst und die Coaching-Ausbildungsindustrie. Es ist eher nicht geeignet, um einen Beruf zu finden, der die Familie ernährt. Laut Auskunft des Büros für Coaching und Organisationsberatung (BCO) verdienen Coaches nur 10 Prozent ihres Jahreseinkommens mit dem Job. Hinzu kommen die Kosten der Coaching-Ausbildung, zwischen 300 und 20 000 Euro – und in dieser Spannbreite liegt auch der Qualitätsunterschied: Ausbilder schätzen, dass höchstens 4 Prozent aller Anbieter für Coaching-Seminare seriös sind.[8] Folglich kann es schon mal fünf Jahre dauern, bis man allein die Ausbildungskosten wieder drin hat.[9]

Coaching kann sehr hilfreich sein und Lösungskompetenzen zeigen, die man vorher nicht kannte. Es kann helfen, sich selbst kennenzulernen. Es kann einem unverbindlich einen Strauß an neuen Kontakten bescheren. Es kann neue Lehrinhalte offerieren, die nicht wehtun, weil sie einfacher sind als Quantenphysik oder Perückenknüpfen. Aber eines kann Coaching höchstwahrscheinlich nicht: eine Möglichkeit sein für einen neuen Job. Fast 90 Prozent aller Frauen, die zu uns kamen mit einer Coaching-Ausbildung, einer Mediationsausbildung, einer TOA-Ausbildung[10] oder ähnlichem, konnten nur sehr schwer mit genau dieser Kompetenz eine neue Stelle finden.

Als Zusatzqualifikation ist Coaching sicherlich eine gute Ergänzung – wenn man Aufwand und Kosten vorher genau abwägt –, als Broterwerb ein Schritt ins Grab. Allein 2018 habe ich neun Menschen getroffen, die »Coach für Männer und Jungen« werden wollten und die »Walk-and-talk-Coaching« beim Spazierengehen anbieten. Rechnet man mal hoch, kann jeder Vater mit einem Coaching-Auftrag – also einem, der nicht von einem guten Freund abgedeckt wird oder von einem Psychotherapeuten, dessen Rechnung die Krankenkasse übernimmt – zwischen zwanzig und vierzig Väter-und-Söhnen-Coaches wählen. Bin ich zu geldfixiert, wenn ich hier die Frage nach der Rentabilität stelle? Also: Coaching, wenn es dem privaten Weiterentwickeln mit zusätzlichem Berufsnutzen dienen soll, gern, aber als Quereinstieg muss es gründlich und ehrlich durchgerechnet werden.

Hygge und Jomo machen glücklich

Social Cocooning, Hygge (dem dänischen Konzept von »Gemütlichkeit«) und Jomo (»joy of missing out«, also Freude am Verpassen) sind Begriffe, die unseren Zeitgeist stark prägen. Man macht es sich zu Hause gemütlich oder geht zu einem »Slow-Reading-Treffen«, das mit »Lesekreis« nur sehr unzureichend übersetzt wäre. Im Privatleben sind diese Attribute entspannend, entschleunigend, ressourcensparend, resonanzreich. Sobald diese Begrifflichkeiten aber in den Beruf überschwappen, wird es schwierig, um es milde auszudrücken. »Ich schaue am liebsten in die Wolken«, sagte einmal eine Kundin zu uns. Ich glaube es ihr. Und dennoch ist ein »professioneller Wolkenschauer« bisher noch nicht als Beruf erfunden worden – sieht man mal vom Wetterdienst ab.

Auch Hygge im Beruf ist nur in ganz bestimmten Sparten hilfreich:
- Bei der Arbeit mit Gebrechlichen, Behinderten, Eingeschränkten ist etwas Hygge nützlich, denn diese Berufe kann man nicht allein dem Effizienzprinzip unterordnen.
- Auch in einer Kita oder einer Grundschule braucht man mitunter mehr Geduld, als sich Außenstehende vorstellen kön-

nen: wie lange zehn Kinder brauchen, sich Regenhose und Regenschuhe anzuziehen, oder wie wenig man an einem einzigen »Landschulheim-Tag« schafft.
- In der Landwirtschaft wird traditionell viel, aber nicht schnell gearbeitet. Klingt nach Hygge pur. Aber der Preis ist hoch: Dafür gibt es auch kaum Urlaub, denn auch am Sonntag oder an Weihnachten müssen die Kühe gemolken werden. Und trotzdem sitzt man auch immer in der Küche zusammen und schaut auf ein Tagwerk zurück, das wenig entfremdet ist.

Viele unserer Klientinnen wollen gern »Yoga-Lehrerin« werden. Wenn ich sie dann entsetzt anschaue und frage: »Was? Sie wollen ungewaschene Füße korrigieren, weil der Besitzer dieser Füße auch nach drei Jahren ›den Hund‹ immer noch nicht richtig ausführt?«, dann lachen viele und sagen: Yoga ja, aber nicht so ...

Yoga ist eine zutiefst abwechslungsfreie Tätigkeit. Gerade das Prinzip Yoga fußt auf Gleichförmigkeit und ritualisierten Bewegungs- und Lebensabläufen. Will man das wirklich machen, wenn es irgendwo tief in einem drin auch den Wunsch nach Veränderung und Abwechslung gibt? Yoga und Hygge sind toll, aber auch nur im privaten Bereich. Sobald aus dieser »Ruhe« eine Profession gemacht wird, wird es nämlich hektisch: Bekomme ich genug Kunden? Habe ich die Umsatzsteuervoranmeldung gemacht? Stimmen meine Hygienebestimmungen für die Umkleiden?

Vor allem aber: Man entweiht sein wertvolles Hobby. Und da sollte man sich vorstehen: Denn was, bitteschön, nutzt man zur Regeneration, wenn das alte Regenerationswerkzeug zum Aufreger geworden ist?

Entreligiosität oder: Adieu Fatalismus

Fast zeitgleich mit dem Verschwinden der religiösen Werte (oder vielleicht präziser: der kirchlichen) kommt ein Bedürfnis nach Sinnhaftigkeit auf. Wir alle wollen nicht umsonst auf der Erde gewesen sein, wollen, dass unser Tun in einem größeren Zusammenhang steht, sodass es Ihnen nicht so geht wie der Autorin Antje Joel, die passend zum Jahreswechsel 2018/19 in der *Zeit* schrieb:

»Die Frage ist doch, ob das Leben tatsächlich einen Sinn hat. Und wenn ja, welchen. Und für wen. Oder ob das alles hier nicht doch eine bodenlose Veranstaltung ist. Mit einem Anfang, bei dem wir kein Mitspracherecht hatten. Zu dem man uns nicht befragt hat, ob wir ihn überhaupt wollten (›Hallo, würden Sie gern geboren werden? Nein? Okay, dann ist gut‹). Und einem Ende, das wir, trotz allem und seltsamerweise, definitiv nicht wollen. Die meisten von uns jedenfalls nicht. Und so einiges von dem, was dazwischenliegt, würde man sich, ehrlich gesagt, auch lieber sparen. Klingt finster? Ist ja auch so. Nur sagen darf man es nicht. Sonst schicken einem die Leute Kalendersprüche und Selbsthilfebücher.«[11]

Warum sind wir alle hinter dem Sinn her wie der Teufel hinter dem Weihwasser? Hat es tatsächlich damit zu tun, dass wir immer weniger der Kirche glauben und viel mehr den DIY-Ratgebern über Well-Being oder Work-Life-Balance? Liegt es eher an der Versingularisierung der Städte, sodass sogar der Familienzusammenhalt – so schrecklich er im Einzelfall sein mag – auseinanderbricht? Oder ist es ein genereller Wert unserer Zeit, dass wir glauben, unser Schicksal selbst bestimmen zu können, und den Fatalismus eher als gestrige Obrigkeitsergebenheit definieren?

Neulich war ich mit einer Hexenschussschulter bei meinem Osteopathen. Ich kenne ihn seit vielen Jahren und hatte deshalb kein schlechtes Gewissen, um einen sehr spontanen Termin zu bitten. Ich konnte mit dieser verrenkten Schulter nicht mal mehr meine Kinder ordentlich zur Räson rufen.»Tja, Katrin, das tut mir leid, aber akute Fälle wie dich behandele ich gar nicht mehr«, begrüßte er mich zu einer »Super-Ausnahme-Sitzung«: »Ich habe mich jetzt auf High-Potential-Patienten spezialisiert.« Ich schaute ganz schön blöd, als er mir erklärte, was »High Potential« meinte: »Das sind Patienten, die sich schon während ihrer Gesundheit – prophylaktisch – darum kümmern, nicht krank zu werden. Die nehmen sich richtig wichtig und ernst, und deswegen sind sie mir auch die liebsten«, erklärte er milde. Ich ließ mir diese moderne Form von Zeitverwendung durch den Kopf gehen, während er mich »ein letztes Mal« einrenkte: Da kommen putzgesunde Menschen zu ihm, die fühlen, »dass sich da hinten im Lendenwirbelbereich etwas entwickeln könnte«, und lassen eine präakute Verspannung lösen, bevor sie auftritt?

Diese Episode aus Mode, Angst und Narzissmus hat einiges auch mit der Not vieler zu tun, einen passenden Job zu finden. Sie vertrauen nicht mehr darauf, dass auch 80 Prozent »gut genug« sind, sie suchen die 100 Prozent und am liebsten die 110 Prozent, sodass man noch 10 Prozent in petto hat. Und wenn sie vormittags bei der prophylaktischen Gesundheitsprävention sind und nachmittags eine Hafermilch-Latte mit ihrer Freundin trinken und sich dabei die neusten Detox-Rezepte austauschen, dann kann ich gut verstehen, dass sie verzweifelt sind.

Wie bitte soll man einen 80-Prozent-Job verteidigen in einer solch antifatalistischen Kultur? Alles muss man selbst in der Hand haben, selbst die eigene Gesundheit, wenn man noch gar nicht krank ist. Es ist puppeneinfach, sich jetzt zu erheben und von oben herab über dieses Anspruchsdenken zu lästern. Aber mir tun diese Frauen leid, weil niemand sich vornimmt, sich sein Leben schwerer zu machen, als es sein könnte. Weil das Akzeptieren von bestimmten Modeerscheinungen auch eine Gruppenzugehörigkeit ermöglicht und es vielleicht andere Nachteile mit sich bringt, wenn man sich gegen eine ganze Armada von Durchoptimierern stemmt. Ja, und zuletzt: weil auch ich Schwachstellen habe, wo ich vielleicht effizient bin – aber ganz und gar nicht sinnvoll arbeite.

Ich will gar nicht zu einer Kircheneintrittswelle aufrufen – obwohl die Kirche kein schlechter Arbeitgeber sein muss. Aber ein bisschen Fatalismus hilft, die Anforderungen, die ein Job haben muss, auf ein Normalmaß runterzuschrauben. »Der Kampf gegen Gipfel vermag ein Menschenherz auszufüllen. Wir müssen uns Sisyphos als einen glücklichen Menschen vorstellen«, schrieb Albert Camus. Dieser Satz hilft auch beim Job-Profiling. So desillusioniert er klingen mag: Fatalismus und Kreativität sind zwei ziemlich verschiedene Geschwister – doch zusammen beleben sie so manche Familienfeier.

Ein Ehrenamt kann vieles auffangen

Vor Jahren habe ich mal zum Thema Ehrenamt recherchiert. Die Ergebnisse waren frappierend:
- Menschen, die ein Ehrenamt ausfüllen, fühlen sich glücklicher, gesünder, sinnstiftender, verhafteter als andere. (Wobei sich gleich die Statistiker zu Wort melden werden und fragen: »Wer sagt denn, dass sich nicht grundsätzlich die zu einem Ehrenamt bereit erklären, die glücklich, gesund und mit sich selbst im Reinen sind? Solchen Statistiken ist fast immer nicht zu trauen …«)

- Menschen, die ein Ehrenamt ausüben, stecken weniger Anspruch in ihren Job und sind deswegen auch pragmatischer: Die Sinnsuche wird ausgelagert, der Sozialfaktor auch, dann kann die Arbeit sich auf Messbares und Effizientes konzentrieren.

Die Zahl der ehrenamtlichen Helfer hat sich in Deutschland in den vergangenen Jahrzehnten relativ konstant gehalten. Was sich allerdings geändert hat, ist das Committment zum Ehrenamt: Viele wollen sich nicht festlegen, erst recht nicht auf lange Zeit, und suchen deswegen eher ein Ehrenamt nach Bedarf. In manchen Städten wird deshalb beispielsweise ein 3-mal-3-Ehrenamt mit Flüchtlingen angeboten: Zeige einem Geflüchteten deine Stadt in drei mal drei Stunden. Danach könnt ihr euch weitertreffen, müsst es aber nicht. So beträgt das Committment nur neun Stunden – das lässt sich gut in einen flexiblen Lebensalltag integrieren.

Warum wir ausgerechnet Müttern hin und wieder zu einem Ehrenamt raten?
- Weil es aus dem System herausholt und die Prioritäten neu sortiert.
- Weil es das (oft berechtigte) Anspruchsdenken relativiert. (»Kann mal jemand Danke sagen? Ich putze hier seit drei Stunden die Küche!«)
- Weil es den Job von einem Zuviel an Anforderungen entbindet.
- Weil es eine ziemlich gute Altersvorsorge der sozialen Art ist: Menschen, die ein Ehrenamt bekleiden, sind auch im Alter signifikant besser aufgestellt. Kaum jemand holt sich aber mit 75 Jahren ein Ehrenamt. Will man also davon profitieren, ist es ratsam, frühzeitig sich eine solche Aufgabe zu suchen –

auch, um sich in einer anderen Sinngemeinschaft wiederzufinden.[12]

Ein Ehrenamt kann, so paradox es klingt, entlasten und Druck wegnehmen. Übrigens: Vätern steht es natürlich genauso gut.[13]

Kann man wirklich alles erreichen, was man sich vornimmt?

Ich finde diese Annahme vermessen, dass wir immer alles erreichen können, sofern wir es nur ernsthaft wollen. Ja, wir können viel aus eigenen Stücken schaffen, wahrscheinlich auch das ein oder andere ändern – aber trotzdem leben wir die meiste Zeit unseres Lebens in einem eng gesteckten Korsett aus Lebensweisheiten, Charaktereigenschaften, sozialen Zwängen und schlicht auch einfach aus Unvermögen. Dieses zu akzeptieren, kann beim Ausgrenzen helfen und ist damit eine ganz und gar vorzügliche Art, zu seiner wirklichen Bestimmung zu gelangen.

In der Transaktionsanalyse und später auch bei den Familienaufstellungen nach Bert Hellinger wird oft mit einer sogenannten Skriptanalyse gearbeitet. Das sind unaufdringliche, aber fast atomkriegssichere Lebensweisheiten, die alle von uns seit Kindertagen inhaliert haben. Jedes Kind hat eigene Sprüche für sich als Wahrheit abgelegt. Ich habe zwei ältere Schwestern, die haben sich jeweils ganz andere Sprüche unserer Eltern gemerkt und diese Spruchweisheiten haben sich prägend auf ihren Beruf ausgewirkt.

- Aus meiner Kindheit habe ich zum Beispiel eine sinnliche Lust an Wortspielen und Wortwitzen hinübergerettet: »Sei eingedenk, dass dein Geschenk du selbst bist.« Oder: »Denke nie,

du denkst, denn wenn du denkst, du denkst, dann denkst du nur, du denkst.«
- Eine gewisse Frechheit und Unlust, der Obrigkeit zu gehorchen, war meinen Eltern zu eigen: »Alles darfst du heiraten, aber bloß keinen Lehrer«.
- Ein Leistungsanspruch, vor allem in Bezug einer Haltung, wurde uns früh eingetrichtert: »Im Sitzen verliert die Arbeit ihren Charakter.« Oder: »Kopf hoch, weiterschwimmen, in Amerika wird gehalten.«
- Humor war wichtig, er durfte auch gern frivol sein: »Nicht immer hält das rote Licht, was es dem Wandersmann verspricht.«
- Und über allem stand das Bedürfnis nach Resonanz: ob man das jetzt Sendedruck, Mitteilungsbedürfnis oder Aus-Druck nennt, ist egal. Aber ich habe in meiner Kindheit meine Eltern niemals stumm vor dem Fernseher erlebt.

Wenn man jetzt diese fünf Begriffe zusammennimmt – Anspruch, Haltung, Humor, Wortwitz und Obrigkeitsskepsis –, dann ist es kein Wunder, dass ich mich irgendwann für Journalismus interessiert habe. Und auch die Berufe meiner Schwestern passen in dieses Raster, obwohl sie grundlegend anderes tun: Design, Betriebswirtschaft und Kunstgeschichte.

Suchte ich also nach einem neuen Job, wäre gar nicht so wichtig, was es wäre, sondern viel mehr, ob die genannten fünf Säulen genügend Berücksichtigung fänden. Sehr wahrscheinlich wäre ich in einem Großkonzern nur mittelmäßig gut aufgehoben, weil dort eine gewisse Autoritätsakzeptanz das Arbeiten leichter macht. Vielleicht wäre ich auch in einer Behörde falsch, weil da der Wortwitz, der dort gebraucht und geschätzt wird, recht überschaubar bleibt. Und mit Apallikern, also Komatösen, kann ich auch nicht gut kommunizieren.

Wir versuchen immer, diese Säulen – oder wie immer man die eingeimpften Lebensweisheiten nennen mag – zu finden, infrage zu stellen oder anders anzuordnen. Wenn man mit diesen Elementen jedoch *spielt*, kommt man dem Kern eines jeden Menschen schon ziemlich nahe.

Ich habe mir mal für die *Brigitte*[14] ausgedacht, welchen Job mit diesem Gedankenexperiment Heidi Klum machen könnte – sollte sie eines Tages keine Lust mehr auf Berufsjugendlichkeit, Grinse-Alltag und »Ich-habe-leider-kein-Bild-für-dich« haben. Nur mal als Gedankenspiel: Was würde man ihr als Job-Profiler raten, ihr, bei der ja scheinbar mühelos alles funktioniert: internationale Modelkarriere, Unternehmerin, Medienstar – selbst das Ja-Wort hat sie sich und ihren Männern häufiger gegeben, als Otto Normal es Lisa Mustermann gäbe. Säße sie bei uns in der Job-Beratung und würde eine neue Ausrichtung suchen, wäre wohl die erste Frage: ein neuer Job – mit oder ohne Prominenz?

Mit Prominenz wäre einfach: eine eigene Talkshow, eine Stiftung, eine Modelinie. Alles, was sich medial vermarkten ließe, würde auf die Kernkompetenz von Heidi abzielen: Denn Sonnenscheinattitüde plus Medien plus Professionalität in den Sekundärtugenden sind ihre Kardinalwerte.

Spannender wäre es ja, sich einmal zu überlegen, was diese Frau im Schatten totaler Bedeutungslosigkeit und Nichtbekanntheit machen könnte. Womit würde eine Frau Klum ihr Geld verdienen können – gäbe es ein Erweckungserlebnis von Saula zu Paula, das ihr jegliche Beschäftigung mit der Hülle, mit Schönheit, mit Vergänglichkeit und Posing zuwider machen würde?

Ich glaube, wir würden ihr eine Idee suchen, die möglichst weit entfernt von ihrem bisherigen Tun liegt, schon um nicht in die Gefahr von Vergleichbarkeit hineinzurutschen. Würde man ihr eine Modelagentur für Silver-Ager empfehlen, wäre das so, als spielte Boris Becker Seniorentennis im Wimbledon –immer mit dem Wissen: Früher war ich mal bedeutender, agiler, besser, unsterblicher.

Wenn man Heidi Klums Gaben zusammenschüttelt, kommt ein frisch-fröhliches, vor Gesundheit und Stabilität strotzendes Made-in-Germany-Produkt heraus, das sich in der zweiten Lebenshälfte sehr wohl auch für Projekte einsetzen könnte, die jenseits von Glamour liegen. Was vor allem auffällt, ist ihr ungewöhnlich enges Verhältnis zu ihren Eltern. Die Eltern managen nicht nur den beruflichen Part ihrer Tochter, sie sind Vorbild ebenso wie Instagram-Inspiration (Heidi Klum postet alte Fotos von den Eltern als junges Paar) und waren selbst bei der Geburt ihrer Enkel dabei. »Das war ein Erlebnis, das ich mit meiner ganzen Familie teilen möchte«, sagte Klum damals. Hm, und wann gibt sie ihren Eltern, vielleicht auch nur symbolisch, etwas von dieser Aufopferung zurück? Warum könnte sie nicht eine deutsche Altenheimkette im Ausland gründen, die Luxus und deutsche Gemütlichkeit zusammenbringt: Thüringer Klöße statt Spargel-Pasta, Wohnzimmer statt Lofts, die *Schwarzwaldklinik* statt Netflix. Heidi Klums Kerntugenden wären dabei gut einsetzbar:

- *Fröhlichkeit* braucht man für die Vision, den Aufbau und im täglichen Umgang.
- *Freunde an einer gewissen Wiederholbarkeit von Abläufen:* Das hat sie beim Fernsehen gelernt und das ist für den strukturierten Prozess mit Senioren und ihren Helfern viel wert.
- *Ahnung vom Aufbau einer Marke:* So professionell, wie sich Heidi inszeniert, kann sie auch eine Seniorenresidenzkette aufbauen, ähnlich dem Augustinum oder der Elbschloss-Residenz, nur explizit mit dem Faktor »deutsche Gemütlichkeit« statt blutleerem Luxus.

- *Vermarktbarkeit:* Und: Jeder Marketing-Experte weiß, dass »insight-getriebene« Geschäftsideen am besten vermarktbar sind. Heidi Klums enges Verhältnis zu ihren Eltern ist glaubhaft und ein Verkaufsinstrument zugleich.

Was kann Klum am besten? Ehrgeiz weglächeln oder, wie es die Amerikaner stets fordern: Wenn ihr jemand Zitronen gibt, macht sie Limonade draus. Diese »Haltung« entspricht dem Bedürfnis vieler Senioren, die auch nicht den ganzen Tag über ihre eigene Sterblichkeit nachdenken wollen, sondern permanent selbstoptimiert versuchen, am Ball zu bleiben. Wie beim Galadinner eines Kreuzfahrtschiffs sehen auch manche Abendveranstaltungen in Senioreneinrichtungen aus: Sich gehen lassen heißt sich aufgeben. Niemand weiß um diese Weisheit mehr als die Klientel über siebzig.

Natürlich weiß ich, dass es ein solches Seniorenrefugium niemals geben wird. Das ist Hirnkonfetti. Viel wahrscheinlicher wird sein, dass Heidi Klum ihre älteste Tochter so vermarkten wird, wie ihr Vater das bei ihr tat. Aber Out-of-the-Box-Denken hilft trotzdem oft beim Optionenabgleich: Was wäre denn *bei mir* alles möglich, und wie würde sich eine verrückte Idee anfühlen? Bin ich nach so einem Gedankenexperiment satt (»Och, eigentlich gut, wie ich es habe …«) oder werde ich hungrig (»Oh, toll, was ist denn noch alles möglich?«)? Und wer sich Heidi Klum auch in einem Altenheim vorstellen kann, bei dem ist selbst auch noch eine ganze Menge möglich …

Rentenvorsorge ist nicht Kukident – sondern notwendig!

Es muss also nicht immer der ganz große Wechsel sein, wenn man sich unglücklich in seinem Beruf fühlt. Oft genug reicht es, seine Ansprüche zu erden, es reicht, wenn ich zufrieden bin mit dem, was ich mache. Ich muss nicht für einen Beruf brennen, vor allem wenn ich schon ein paar Kinder habe, für die ich auch nachmittags noch etwas Feuer übrighaben will. Im Brennen liegt leider zu oft auch das Verbrennen drin.

Es reicht, wenn die Kollegen nett sind, mit denen ich zusammenarbeite – ich muss nicht mit ihnen auch privat befreundet sein, von noch größerer Nähe ganz zu schweigen. Ich habe einmal eine Mediation moderiert, in der eine Chefin vergeblich versuchte, ihre Mitarbeiterin zu einem fast schwesternhaften Verhältnis zu motivieren. Da wurden »Motivationswochenenden« bezahlt, Geld geliehen, am Ende hatten beide sogar dieselben Krankheiten – geholfen hat es dem Verhältnis nicht: Irgendwann wurde es einer Seite zu eng, und die andere Seite musste mit der schweren Kränkung zurechtkommen: »Ich habe doch so viel für dich getan ...« Ein Wellness-Yoga-Wochenende samt Einladung mit Mann und Männchen ist nicht nur übertrieben, es ist pathologisch, weil es eine Erwartungshaltung zur Folge hat, die niemand einhalten kann. Nein: *will*! Mein Vater, ein älteres Kaliber, hat »die Geburtstage, die immer im Betrieb gefeiert wurden«, gehasst, aus tiefster Seele. Genauso hätte er es heute gehasst, wenn man am Wochenende ständig mit seinem Handy Mails gecheckt hätte. »Schnaps ist Schnaps«, sagte er an solcher Stelle gern.

Es reicht, wenn man sich die Sinnhaftigkeit im Privaten schafft – sei es durch ein Ehrenamt, sei es durch Nachbarschaftshilfe oder sei es durch das bloße Bewusstmachen, dass man eigentlich schon genug ehrenamtlich arbeitet, wenn man sich *Bobo Siebenschläfer* anhören muss und das in Dauerschleife.

Und es reicht auch, wenn man den Inhalt der Arbeit nicht überbewertet. Sicher, am Anfang des Berufslebens war alles neu und aufregend und irgendwie klirrend vor Spannung. Aber haben wir damals nicht auch schon in leicht gräuliche Gesichter gesehen und uns geschworen, diese Routine niemals zuzulassen? Es gab und gibt zu allen Zeiten eine Phase im Beruf, die »so mittel« läuft (wie mein Sohn immer sagt, wenn er eine Vier nach Hause bringt). Ist das wirklich ein fundamentaler Grund, die ganze Ausbildung, die gesamte berufliche Identität infrage zu stellen? Und wenn ja, welchen Preis sind Sie dann bereit zu zahlen? Sind Sie wirklich willens, noch einmal eine neue Ausbildung zu absolvieren? Sind Sie wirklich uneitel genug, ein Anfänger mit Falten zu sein? Sind Sie flexibel genug, um auf einen Großteil des bisher verdienten Geldes zu verzichten, falls es im neuen Beruf weniger Gehalt geben sollte, zumindest am Anfang? Wenn Sie nur eine dieser Fragen mit »so mittel« beantworten, sollten die Alarmglocken laut scheppern.

Wo man allerdings keine Kompromisse eingehen sollte, ist bei der eigenen Altersabsicherung. Finanzexperten geben ein paar schreckliche Zahlen zu bedenken. Auch wenn diese unangenehm zu lesen sind, sollten Sie es trotzdem tun. Denn die Zeit in Rente ist (vermutlich) zu lang, um irgendwie schon darüber hinwegzukommen. Und: Sie wird mit steigender Lebenserwartung fast jahrzehntlich mehr. Also: Irgendwann werden Sie davon profitieren, wenn Sie das hier und jetzt lesen:

Um den Lebensstandard in der Rente zu halten, müssen Sie 75 Prozent des letzten Bruttoeinkommens haben. Frauen haben aber in Deutschland Pi mal Daumen nur 600 Euro Rente! Ich habe bei einer Finanzexpertin einmal nachgefragt: Wieso braucht man 75 Prozent? Die Kinder sind doch dann aus dem Haus, man isst weniger, braucht nicht mehr alle zwei Jahre ein neues Angeber-Handy?«»Ja, aber die Kosten, die im Alter steigen, sind genau die, die man als junger Mensch noch gar nicht auf der Payroll hat«, erklärte mir die Frau.»Medizin kostet viel, die Enkel auch, und viele, im Laufe des Lebens sich eingeschlichene Bequemlichkeiten kann man im Alter viel weniger leicht ablegen. Wer sich einmal an ein Eigenheim gewöhnt hat, hat es im Alter sehr schwer, sich davon zu trennen und in eine kleine Mietwohnung zu ziehen, auch wenn die Kinder dann aus dem Haus sind. Deswegen benutzen ja so viele Senioren die Ausrede: ›Für unsere Kinder lassen wir ihre Zimmer noch so, wie sie waren, als sie ausgezogen sind. Dann können sie da jederzeit wieder übernachten.‹ Tut natürlich keiner, aber die leidige Diskussion: ›Mutter, warum verkleinerst du dich räumlich nicht etwas‹, ist dann vom Tisch.«

Wenn ich also von den 75 Prozent des letzten Bruttoeinkommens vor Rentenbeginn ausgehe, dann brauchen fast alle Frauen in Deutschland einen Geldanlageplan. Und genau da sieht es sehr mau aus. Deutschland steht, was seine finanzielle Bildung angeht, im letzten Drittel aller OECD-Länder und leidet, wie das Institut für Ökonomische Bildung feststellt, unter »Selbstüberschätzung.«[15] Mit einem einfachen Fünf-Fragen-Test wird die finanzielle Bildung von Menschen weltweit überprüft: Wer vier oder fünf Fragen richtig beantwortet, hat den Test bestanden, mehr als ein Fehler gilt als durchgefallen. Den Test und die Lösung finden Sie unter https://mein-wohlstand.de/test-wie-ist-deine-finanzielle-bildung.

Wenn Ihnen die Fragen in diesem Test zu BWL-lastig sind, dann reicht auch die einfache Formel 50/30/20, um lebenslang nicht in eine Verschuldung zu rutschen: 50 Prozent des eigenen

Einkommens sollten für Miete und Essen verwendet werden, 30 Prozent für Urlaub, Netflix und andere Annehmlichkeiten, also für verzichtbaren Konsum, und die restlichen 20 Prozent sollte man sparen. Richtig: SPAREN, dieses hässliche Wort mit sechs Buchstaben. Unsere Großeltern haben noch die Marmelade selbst eingekocht und sind mit dem Wohnwagen in den Urlaub gefahren. Heute chillen die Jugendlichen nach dem Abitur erst einmal ein Jahr in der Welt herum, und jedes Kind hat ein eigenes Zimmer samt Multimedia-Ausstattung, die zusammengerechnet leicht die 1 000 Euro überschreitet. Wer bitte von uns Müttern kann in dieser Zeit noch 20 Prozent ihres eh schon kleinen Einkommens sparen? Dabei würde sich das, über die Jahre angelegt, extrem rentieren:

Wer 30 Jahre lang monatlich 150 Euro zur Seite legt, hat nach der Geld-zur-Seite-legen-Zeit eine Summe von 120 000 Euro inklusive Zinsen gespart. Davon kann man sich monatlich 500 Euro auszahlen lassen, ohne das eigentlich gesparte Vermögen antasten zu müssen. 500 Euro für 150 Euro! Das klingt irgendwie machbar – und ich frage mich, warum man solche einfachen Rentenaufstockungssparpläne nicht mit in den Mutterpass abdrucken kann, denn das ist genau der Zeitpunkt, an dem das Geschlecht eine entscheidende Rolle spielt. Bekomme ich mit meinem Partner ein Kind, bin ich nicht mehr Frau (und er Mann), sondern dann sind wir eine (schlechtverdienende) Mutter und ein (die Familie versorgender) Vater.

Wir Mütter wären gut beraten, wenigstens die 150 Euro im Monat anlegen zu lassen – für 16 Kinderlaternen, die wir im Laufe unseres Mutterlebens basteln, die 48 Elternabende, die wir abhocken und 864 Adventspäckchen, die wir verschnüren, bis die zwei Kinder das Haus verlassen (und sich dann aus lauter Nostalgie immer noch Adventskalender wünschen)! Stattdessen wünschen wir uns ein Yoga-Retreat, eine Achtsamkeitswoche oder eine La-Mer-Creme, wir lieben die Ad-hoc-Befriedigung im Konsum, als hätten wir niemals *Hänsel und Gretel* gelesen. Die Lehre, die man aus diesem Märchen ziehen soll, bezieht sich eben auf die Überwindung von oraler Sofortbefriedigung (am Hexenhaus knabbern) und endet damit, dass die beiden Kinder am Bach stehen und sich nacheinander (wartend) von einer Ente übersetzen lassen müssen. Und ähnlich oral-sofort-infantil sind wir eben heute mit jedem neuen Handy, jedem neuen Hygge-Cocooning-Unfug und jedem niedlichen Eulentäschchen, das wir unseren Kindern kaufen, weil es sooo niedlich an ihnen aussieht. Wir Mütter sehen irgendwann gar nicht mehr niedlich aus, wenn wir nicht merken, was mit unserer Rente passiert. Und leider haben wir dann ein Volk von kosmopolitischen, egozentrischen, vielbeschäftigten Kindern großgezogen, von denen sich nur die allerwenigsten erbarmen werden und uns bei sich einziehen lassen. Hätten wir das mit unseren Eltern gewollt? Eben!

Irgendwas kommt beim Sparen immer dazwischen

Steffie Lübberstedt berät seit fast dreißig Jahren junge Frauen, Männer, Familien, damit das nicht eintrifft, wovor wir uns alle fürchten: Altersarmut. Weil dieses Thema so sexy wie Zahnreinigung, Schuhreparatur oder Altglaswegbringen ist, geht sie ganz besonders zartfühlend vor: Sie macht nur Hausbesuche, was schon mal clever ist, weil man sich nicht ganz so doof fühlt, wenn man ihr den eigenen Kaffee anbieten kann und nicht einen von ihr kredenzt bekommt. Und dann sitzt sie einfach da und schweigt und guckt und speichert vermutlich hunderttausend Informationen auf einmal: Wie lebt diese Familie, was bedeutet ihr Luxus, wie sicher sind die beiden Jobs, vielleicht auch nur der eine Job, wie kann man eine Absicherung betreiben, die immer noch einen Urlaub zulässt oder einen schönen Theaterabend. Steffie Lübberstedt bedrängt einen nie, sondern versucht, durch schweigen zum Sparen zu animieren. Sie ist sozusagen eine schweigende Überzeugungstäterin, aber eine charmante.

Wie viel Geld soll man denn für den Notfall auf der hohen Kante haben?
Also, du meinst jetzt nicht als langfristige Sparanlage, sondern kurz- oder mittelfristig abrufbar?

Ja, genau. Falls die Waschmaschine kaputt ist, der Kühlschrank leckt oder ein Urlaub ansteht ...
Das in Zahlen auszudrücken, ist schwierig – ich kann auch gleich erklären, warum. Natürlich ist es gut, wenn man ein Jahreseinkommen auf der hohen Kante hätte – keine Frage. Also bei einem Nettoverdienst von 2 000 Euro so 25 000. Aber was macht man mit all den Leuten, die gerade mal 7 300 Euro auf ihrem Girokonto haben? Die schließt man mit dieser kategorischen Rechnung ebenso aus wie die Sicherheitssparer, die einen hohen Betrag auf dem Konto brauchen, um sich sicher zu fühlen? Mir ist viel wichtiger, über das Anfangsalter des Sparens zu reden: je früher, desto besser, also gern schon mit 25, 30 Jahren.

Sind da die meisten nicht mit ganz anderen Ausgaben beschäftigt? Erst mal die eigene Wohnung oder der erste Urlaub, der ganz weit weg ist ...?
Ja, erst die eigene Wohnung, dann die Einrichtung, dann wird auf die Hochzeit gespart oder die erste Weltreise. Irgendwas kommt beim Sparen immer dazwischen: Kinder, Haus-Kredit, Studium – eine Ausrede, *nicht* zu sparen, gibt es stets. Und deshalb ist auch der erste Posten, der wegfällt, die Altersvorsorge, wenn das Einkommen mal nicht regelmäßig kommt.

Wie viel brauche ich denn, um eine gute Altersvorsorge anzuschieben?
Du wirst keine konkreten Zahlen erfahren, weil das von so unzählig vielen Faktoren abhängt: vom Lebensstandard, habe ich Eigentum, wohne ich zur Miete, bin ich krank oder gesund, sodass ich eventuell noch reisen will und mag? Ich kann aber eine Rechnung aufgeben: Wenn man als Dreißigjähriger nur 100 Euro im Monat zurücklegt, dann hat man kurz vor der Rente daraus 100 000 Euro gemacht. Reicht immer noch nicht für eine ganze Rente, ist aber ein Anfang ...

Wird heute denn mehr oder weniger gespart als früher?
Eindeutig weniger, früher gab es ja noch die Sparwände in den Gaststätten, da wurde das Ersparte allerdings auch meist auf ein bestimmtes Event, die Goldene Hochzeit oder so, angelegt. Aber wir sind heute in der Erbengeneration, diese Mengen an Geld, die unsere Eltern uns hinterlassen,

hatten diese von ihren Eltern nicht zur Verfügung. Und: Wir sind eine deutlich konsumorientierte Generation, das sind heute Werte, die unsere Eltern so auch noch nicht brauchten. Beide Faktoren zusammen machen es schwer, für so etwas Abstraktes wie die Rente Geld zurückzulegen.

Wer kann eigentlich besser sparen: Männer oder Frauen?
Das hat nichts mit dem Geschlecht zu tun, sondern eher mit einer Charakteranlage. Deshalb sind die Hausbesuche für mich so wichtig. Hier sehe ich schnell, welche Bedürfnisse ein Kunde hat, denn es bringt nichts, ihm einen noch so gut gemanagten Aktienfonds anzuraten, wenn sein Bedürfnis eher der schnelle Hedonismus ist.

Jetzt rückst du mit keiner Zahl raus, gibt es irgendeinen Parameter, den man sich als Sparziel vornehmen soll?
10 Prozent vom Nettoeinkommen.

Ab wann soll man mit dem Sparen anfangen?
Sobald man Taschengeld bekommt. Im Ernst: Die 10-Prozent-Regel können schon Erstklässler begreifen und einüben. Wenn man das spielerisch anleitet, zum Beispiel mit einem bunten Sparschwein oder sogar einem eigenen Konto, dann müssen die Kinder später das zumindest nicht erst umständlich ergoogeln: Alexa, wie viel Geld muss man zurücklegen?

Brave new Arbeitsworld!

Warum suchen so viele Menschen nach einem Job, für den sie brennen? Warum war das unserer Eltern- und Großelterngeneration gar nicht so wichtig? Nur ökonomische Gründe – sie konnten sich damals gar nicht leisten, darüber nachzudenken, was sie werden wollten – können es nicht sein. Ich glaube, es gibt eine emotionale Abstumpfung durch die ganze Emotionalität, die in den Medien, der Werbung, den sozialen Medien und der Arbeitswelt generell erzeugt wird: Personalabteilungen verwenden ganze Kongresse, darüber zu sinnieren, wie man den Mitarbeiter enger an das Unternehmen bindet, Werbung weiß, dass eine emotionale Beziehung zum Produkt der beste Kaufanreiz ist, die (scheinbare) Anonymität des Internets sorgt dafür, dass viele dichtgeballte Emotionen nebeneinanderstehen, ohne dass sie jemand kuratiert oder moderiert. Die Folge: Uns fehlen Konzepte, wie wir mit der Emotionsinkontinenz in unserem Zeitalter umgehen.

Der »emotionale Kapitalismus«, wie ihn die israelische Soziologin Eva Illouz nennt, die Emotionalisierung von Arbeitsabläufen und die gleichzeitige Rationalisierung des emotionalen Lebens, stumpft gleichermaßen ab wie das, was er begehrt: Man wird mit künstlich erzeugter Emotionalität getriggert und sehnt sich gleichzeitig nach echten, wahrhaftigen Gefühlen. Es ist, als trinke man vor lauter Durst Salzwasser.

In der Unabhängigkeitserklärung der Vereinigten Staaten gibt es einen Passus, der auf das »unveräußerliche Recht eines jeden Menschen auf Freiheit und Glück« verweist. Das ist ein prägender Kulturduktus und komplett das Gegenteil dessen, was noch der Calvinismus predigte: Durch Askese allein komme man Gott näher, Genuss sei Götzendienst. Wie sehr die amerikanische Pflicht nach Glück auch die Alltagskultur durchzieht, sieht man an dem

2007 gedrehten Film *The Pursuit of Happyness,* in dem Will Smith einen alleinerziehenden Vater mit Dauergeldsorgen spielt, den selbst die Obdachlosigkeit nicht abhält, alles dafür zu tun, dass es dem Sohn gut geht und er einen neuen Job bekommt. Kritiker loben die taktvolle Art, in der die Obdachlosigkeit im Film thematisiert werde. Man kann gut ein Kind erziehen, wenn man keinen festen Wohnsitz hat, aber bitte mit Haltung und Güte. Was macht das mit uns, die wir den Film sehen oder Vater und Sohn Smith bewundern? Wir akzeptieren subkutan, dass das Streben nach Glück immer und unter allen Umständen möglich sein muss. Dass es unsere eigene Schuld ist, wenn wir nicht glücklich sind, denn dann waren wir nicht fleißig genug auf der Suche danach.

Der bekannte Hirnforscher Gerald Hüther stellt dem eine Glücksdefinition entgegen, die geerdeter und machbarer scheint: Langfristig werde nur glücklich, wer in seinem Leben möglichst viele unterschiedliche Erfahrungen gemacht habe. In diese Definition würde meine Oma auch hineinpassen – trotz der beiden Weltkriege und der Anfänge der DDR, die sie miterlebt hat. Und irgendwie finde ich Hüthers Definition entlastender als die amerikanische Unabhängigkeitsforderung: Viele Erfahrungen zu machen, kann man sich vornehmen, das Glücksgefühl stellt sich dann vielleicht nicht sofort, aber später ein. Und wenn ich hiobgleich einen Schicksalsschlag nach dem anderen erlebe, darf ich den auch beklagen, ohne dass ich dafür Abzüge in der B-Note bekomme. Ich darf einen neuen Job suchen, und dieser muss nicht hundertprozentig originell sein, 80 Prozent reichen. Ich muss nicht mit allen Kollegen eng befreundet sein, nett finden reicht. Es muss nicht jeden Tag eine inhaltliche »Challenge« auf mich warten, solide arbeiten mit dem Gedanken an Sinn reicht. Kann man mit diesen Gedanken die Vergottung, die wir derzeit unseren Berufserwartungen überstülpen, etwas herunterdimmen?

Der frühere McKinsey-Berater Frederic Laloux hat in seinen Büchern über sinnstiftende Formen der Zusammenarbeit[16] die Veränderung der modernen Arbeitswelt beschrieben. Er unterscheidet fünf verschiedene Organisationsmodelle: den impulsiven Von-oben-nach-unten-Stil, der von einer strikten Arbeitsteilung ausgeht, den konformistischen Stil, der immerhin schon wiederholbare Prozesse und ein stabiles Organigramm hat, das leistungsorientierte Modell, das auf Innovation und Prämienzahlung setzt, und das pluralistische System, das eine werteorientierte Kultur in den Fokus rückt. Das Modell, das sich Laloux für die Zukunft vorstellt, ist das evolutionäre Modell, das man am besten mit dem niederländischen Pflegesystem Buurtzorg vorstellt.

»Buurtzorg« bedeutet so viel wie Nachbarschaftshilfe, und ihr Gründer, der Krankenpfleger Jos de Blok hat dieses Anliegen professionalisiert. 2006 gründete er sogenannte selbstorganisierte Teams, die ohne Manager und Führung funktionieren. Kein Team hat mehr als zwölf Mitarbeiter, das ist in etwa die Größe, die alle Vorteile der ökonomischen Skalierung beinhaltet. Jeder Patient hat maximal zwei Pflegefachkräfte, die 24 Stunden am Tag für ihn erreichbar sind. Alle Managementaufgaben werden in der Gruppe aufgeteilt: Einer macht die Urlaubsplanung, einer organisiert die Schulungen und so weiter. Inzwischen beschäftigt Buurtzorg fast zehntausend Mitarbeiter allein in Holland, andere Länder wie Deutschland, Japan sind an dem Konzept sehr interessiert, eben weil es so schlicht und bestechend ist: Man versucht, die pflegebedürftigen Patienten zu reintegrieren, sei es, dass ein Pfleger bei den Nachbarn vorbeiklingelt und fragt, ob er bei der Kontaktanbahnung helfen darf, sei es, dass ein Friseurtermin vereinbart wird, damit sich die Senioren wieder vorzeigbar fühlen und unter Menschen trauen. Das Geheimnis dieses neuen Geschäftskonzepts: Die Pflegekräfte fühlen sich nicht ausgebrannt, sondern mit echten Kontakten beschenkt, niemand arbeitet Listen ab, sondern man versucht, gegenseitig Resonanz zu erzeugen und Resonanz zu bekommen. Gehaltserhöhungen werden nicht karottenähnlich vorgegeben, sondern im Team beschlossen. Diese Art der postmodernen Organisation, wie sie die Unternehmen Southwest Airlines, Morning Star oder hierzulande die Drogieriekette DM praktizieren, kann ein Schlüssel, fast würde ich sagen, ein Dietrich, für die modernen Sinn- und Glückssucher sein.

Drogeriemärkte beispielsweise zählen wahrlich nicht zu den Branchen, für die alle schwärmen, wenn sie die Schule verlassen. Aber sprechen Sie mal mit einer DM-Mitarbeiterin: »Stimmung gut, Gehalt gut, Arbeit quadratisch, praktisch, gut und einen wahnsinnig netten Chefchef – das reicht zum Glück. Den Rest besorgen meine Tochter, mein Mann und mein Hund«, sagte mir neulich eine Mitarbeiterin von DM, 36 Jahre, schwanger mit dem zweiten und irgendwie tiefenentspannt, trotz Schwangerschaft und Doppelbelastung.

Der Talentcoach Klaus Sievert[17] glaubt, dass unser größtes Talent gleichzeitig aus unserem größten Trauma der Kindheit entstanden ist, quasi als Ausgleich zu der jahrzehntelangen Ungerechtigkeit, die uns einst widerfahren ist. Stand ich als Kind zwischen einem streitenden Elternpaar, ist mir das Vermitteln quasi in die Wiege gelegt worden. Bin ich ein unscheinbares Kind, versuche ich, durch Witz Aufmerksamkeit zu erlangen, und meist habe ich die im Erwachsenenalter so perfektioniert, dass aus mir ein Komiker wird, der quasi immun gegen Anfeindungen ist. Wie viele unansehnliche Komiker gibt es? Man badet als Kind in einer Art Drachenblut, um umso gestärkter mit dieser Kraft gegen das Trauma eine Gabe zu entwickeln. Schaut man also, welches große Defizit meine Kindheit gekennzeichnet hat, mag das ein Schlüssel zum Finden eines Berufs, nach dem ich mich sehne, sein. Dieter Thomas Heck stotterte als Kind ganz furchtbar, erst durch Gesangsunterricht und das Institutionalisieren seines Sprechakts konnte er zum Schnellsprecher der Nation werden.

Ich war und bin kein visueller Mensch, sondern eher eine ästhetische Gesamtkatastrophe. Zwar bin ich in eine Kernfamilie gekommen, die voll ist mit Architekten, Kunsthistorikern, Designern und Geschmackskönnern, habe als Zehnjährige mir den Bau der Kathedrale von Chartres angesehen (und nichts verstanden), bin mit Kunstbänden und Bauhausdiskussionen quasi aufgewachsen – gebracht hat es nichts, außer dass ich heute klug mitschweigen kann, wenn andere von César Manrique schwärmen. Aber eines hat es gebracht: Ich habe als eher fühlender Mensch mich zwanzig Jahre um einen Ausdruck, einen noch besseren Ausdruck, ein Wording, ein noch präziseres Wording kümmern müssen, quasi automatisch, weil mich sonst kein Schwein in meiner Sippe verstanden hätte. Aus dem »Ich verstehe euch nicht« und dem »Ich will von euch verstanden werden« ist der Beruf der Journalistin geworden und später auch der der Autorin und der Job-Profilerin.

Ähnlich wie Klaus Sievert funktioniert auch das »Zürcher Ressourcen Modell«,[18] das von einer Kerngabe ausgeht, die jeden Menschen umhüllt wie ein warmer Mantel und die hilft, sich selbst zu lesen. Nehmen wir eine x-beliebige Tätigkeit, die mir leicht von der Hand zu gehen scheint, etwas, für das ich mich quasi nicht anstrengen muss. Ich kann zum Beispiel gut schenken, zum Schenken gehören verschiedene Eigenschaften:

- *Empathie:* Ich muss mich in einen anderen Menschen hineinversetzen: Was würde ihm Freude bereiten? Was hat er noch nicht, was kann er gebrauchen?

- *Kreativität:* Wenn nur wenig Zeit und/oder Geld vorhanden sind – wie kann ich trotzdem etwas Individuelles gestalten, das den Beschenkten erfreut?
- *Distanz:* Wer gut schenken will, muss auch immer die Grenzen des Schenkens berücksichtigen. Es darf den Beschenkten nicht beschämen, weil es zu wertvoll, zu aufwendig, zu irgendwas ist.
- *Themenfokussierung:* Ich kann nicht alle Bedürfnisse beim Schenken befriedigen, also suche ich mir ein Thema heraus, beispielsweise Garten, und entwickele diesen Gedanken weiter, bis er etwas Neuartiges hat: seltene Küchenkräuter, die winterhart sind und gleichzeitig ein Bodendecker.
- *Zeit und Geld* im Auge behalten: Wenn ich mich nicht bei jedem Anlass hoffnungslos verfransen will, ist es notwendig, Geld und Zeit im Blick zu haben. Jeder Geschenkanlass darf nicht zu lange dauern und auch nicht zu teuer sein, sonst wird das Unternehmen neurotisch oder ein Groschengrab.

Bündele ich diese Eigenschaften, Empathie, Kreativität, Distanz, Themenfokussierung sowie Zeit- und Geldmanagement, dann sind das Parameter, die man beispielsweise wie ich als freie Journalistin braucht, aber auch für viele andere Berufe: In der PR sind diese Eigenschaften ebenfalls nicht schlecht, als Mediziner braucht man eher weniger davon. (Nicht der einzige Grund, warum es gut ist, dass ich den Medizinertest damals so versemmelt habe.)

Mit dem »Zürcher Ressourcen Modell« kann man sich auf die Suche nach seinen Kerngaben machen, mit dem biografischen Nachdenken über seine Kindheitsdefizite auch. Aber bei alldem darf man nicht vergessen: Es darf auch einfach nur ein Job sein, der Spaß macht. Punkt.

MÜTTER, WEHRT EUCH!

Die Schriftstellerin, Schauspielerin und Frauenrechtlerin Charlotte Roche hat in der *Süddeutschen Zeitung* die Kolumne »Jetzt könnte es kurz wehtun«. Darin schildert sie jede Woche gesellschaftliche Absurditäten und Ungerechtigkeiten unserer Zeit. Im Sommer 2018 schrieb sie: »Es gibt drei Wahrheiten. Die Erde ist rund. Wir werden alle sterben. Und die Gleichberechtigung ist vorbei, wenn das erste Kind geboren wird.«[1]

Für Roche ist der Untergang des Abendlands oder zumindest Deutschlands besiegelt: »Das ist wirklich eine Schande. Wir leben im Jahr 2018 in Deutschland. Und bei den allermeisten heterosexuellen Paaren, die ein Kind bekommen, bleibt die Frau für Jahre zuhause.« Dass es Frauen gern tun, weil sie sich auf ihre Kinder gefreut haben, weil sie gern Zeit mit ihren Kindern verbringen, weil sie den Sinn, Kinder zu erziehen oder zumindest zu prägen, einsehen und ihn wichtiger finden, als zum Beispiel Sauggranulate in Damenbinden zu optimieren oder veganes Hundefutter zu vertreiben, versteht Roche nicht. Die Zeit mit Kindern ist in ihren Augen kein Glück: »Arbeit im Haus und mit Kind hat einfach auch sehr viel mit Fäkalien zu tun.«

Tja, das stand im Kleingedruckten, Frau Roche: Kleine Babys können scheißen. Was aber viel schlimmer ist als diese Berlin-Mitte-Naivität (»Ups, ich verliere ja meine Autonomie!«), ist die Grundannahme, alle Frauen würden sich aufopfern, wenn sie sich um die Kinder kümmern. Frau Roche, ich spiele mal die Retro-Hete: Es gibt Frauen, die gern Mütter sind. Doch, wirklich! Und es gibt Mütter, die glauben an den Satz: »Ein Baby braucht seine Mutter.« Das sind für Roche aber die schlimmsten: »Wie oft ich höre, dass arbeitenden Müttern heute noch allen Ernstes folgender Satz gesagt wird: ›Ein Baby braucht seine Mutter.‹ Kindeswohl. Mimimimimi. Dieses unsägliche Totschlagargument. Damit wird alles, was die Frau bis dahin geleistet hat, weggewischt.«

Nö, wird's natürlich nicht – es wird nur um eine neue Dimension erweitert. Das, was die Meinung von Roche so manipulativ macht, ist ihre dreihunderttausendfache Verbreitung in den Medien. Es ist also nicht eine einzelne Meinung, sondern eine dreihunderttausendfache. Und es ist die beste Methode, damit sich Mütter von vielem vertreten fühlen, nur nicht vom Feminismus. Feminismus, das ist diese moderne Einstellung, bei der ich mein Neugeborenes gleich in eine Krippe geben muss, damit ich mich dem Mimimimimi-Vorwurf nicht aussetzen muss. Feminismus ist die Einstellung, die mir empfiehlt, mich bei der Suche nach einem Partner nach »unten« zu orientieren, weil ich dann Hoffnung haben darf, dass er seinen Job aufgibt, sobald das erste Kind da ist. Feminismus erklärt mich zur Pussy, wenn ich die ersten Jahre mit meinen Kindern verbringen will.

Schneller und effektiver kann man die Mitglieder einer Vereinigung, für die man kämpft, nicht vertreiben. Frei nach Groucho Marx: »Ich will in keinem Verein Mitglied sein, der mich aufnehmen würde«, heißt es jetzt: Ich will nicht für die Rechte der Frau kämpfen, wenn mich die Vorbilder dieser Vereinigung daran hindern, eine Frau zu sein.

Feministinnen sind heute – analog zu den weißen heterosexuellen Männern, die als Synonym für »ignorant« im deutschen Sprachgebrauch verwendet werden – akademisch, urban, wohlhabend. Und sie sind sehr weit weg von der Zielgruppe, von der sie vorgeben, für sie zu kämpfen. Welche Gemeinschaftskundelehrerin aus Wattenscheid kann sich mit solchen Sätzen, wie Roche sie niederschreibt, identifizieren?

Damit ist der Feminismus aber nicht allein. In allen großen Institutionen, in der Kirche, in der Politik, kämpft man mit sinkenden Mitgliederzahlen. Ich nehme zurzeit an einer kirchlich organisierten Fortbildung teil. Einmal ging es um das Thema »Glaube« – von den zwölf Teilnehmern leiteten zehn ihr Bekenntnis zu Gott mit den Worten ein: »Also, ich glaube schon an Gott, aber nicht so mit Kirche und so.« In einer kirchlich organisierten und finanzierten Veranstaltung, mit einer zweifellos toleranten Pastorin, mitten unter uns. »Kirche und so« ist super, wenn man heiratet und sicherheitshalber auch bei der Taufe, aber ansonsten wirkt es für uns Westeuropäer fast bedrohlich, sich dermaßen einer Institution hinzugeben.

Der Soziologe Didier Eribon beschrieb in seinen soziologischen Erinnerungen *Rückkehr nach Reims* ein ähnliches Phänomen: die Abkehr der Arbeiter vom Sozialismus, weil ihn die Intellektuellen für sich okkupiert hatten. Eribon wuchs in den fünfziger Jahren im Arbeiterstädtchen Reims auf, zusammen mit seinen Brüdern und seinen Eltern, und merkte bald, dass er sich einen anderen Habitus zulegte als seine Geschwister: »Mein Bruder pflegte weiterhin das Ethos der Arbeiter, seine Umgangsformen und seine Körperhaltung unterstrichen die Zugehörigkeit zu der sozialen Welt, aus der wir stammten«, schrieb Eribon. »Ich dagegen machte mir ein Gymnasiasten-Ethos zu eigen, das genauso klischeemäßig war und mit dem ich mich von meiner Familie abgrenzen wollte.«

Der unterschiedliche intellektuelle Habitus brachte eine unterschiedliche politische Gesinnung: »Er interessierte sich überhaupt nicht dafür, während ich vom ›Klassenkampf‹, ›permanenter Revolution‹ und ›proletarischem Internationalismus‹ zu schwadronieren begann.« Aus den Brüdern wurden zwei verschiedene Individuen, die nur noch das Elternhaus als Gemeinsamkeit hatten. Ihre jeweilige Identität bemaß sich an der Distanz, die sie zu den Einstellungen des jeweils anderen hatten. Eribon ging nach Paris, wurde ein linker Intellektueller, jung und schwul, sein Bruder ging zur Armee, arbeitete in einer Schlachterei, heiratete, bekam zwei Kinder, wählte Front National. Er, der traditionell eigentlich hätte links wählen müssen, dessen Herkunftsfamilie stets stolz war zu sagen: »Wir sind Kommunisten«, schwenkte in seinem Politikverständnis von ganz links zu ganz rechts, weil er sich von Politikern wie Le Pen emotional besser vertreten fühlte.

Und Eribon zeigte, dass das kein Einzelfall war, sondern der Zustand aller europäischen Sozialisten: Die reichen, klugen Städter haben die Politik für sich entdeckt und sie damit für die gemeinen Arbeiter unbrauchbar gemacht, weil diese sich mit diesen Repräsentanten nicht mehr identifizieren *können*. Eine ganze Kampfbewegung des Volks, der Arbeiterschicht verbürgerlicht. Der nächste kapitalistisch konsequente Verspießerungsschritt wäre, wenn die Tchibo-Themenwoche Marx-T-Shirts anböte oder Che-Guevara-Parfum …

Gleiches passiert leider mit dem Feminismus unserer Tage. (Gucken Sie mal, wie die arme Frida Kahlo zweckentfremdet wurde: Lippenstifte, Rucksäcke, Tequila – es fehlt nur noch, dass sie auch für Always Ultra herhalten muss, weil sie so eine Vorliebe für die Farbe rot entwickelte.)

Extrempositionen wie die von Mimimimimimi-Roche führen nur dazu, dass die moderate Mittelstandsfrau sich mit diesen Positionen nicht einverstanden fühlt. Damit behindert und verhindert der Feminismus das, wofür er kämpft: mehr Unabhängigkeit der Frau. Eine kinderlose, arbeitende Metropolin in gehobener Position hat es leicht, Roche und Penny gut zu finden – für die ist aber dieser Feminismus gar nicht gedacht!

Dazu kommt eine Versingularisierung der Gesellschaft, die es geradezu obszön macht, sich für die Gemeinschaft oder gesellschaftliche Belange einzusetzen. Narzissmus scheint gesellschaftsfähig: Immer weniger Menschen leben in festen familiären Strukturen. »Einen Trend, der Immobilien, Nahrung, Kommunikation und die Medizin und damit unsere Gesundheit betrifft, kann und darf man Megatrend bezeichnen«, schreibt Professor Manfred Spitzer in seinem Buch *Einsamkeit* und führt unzählige Untersuchungen auf, die diesen Megatrend weltweit bestätigen. In Untersuchungen, die in 78 Ländern während der vergangenen fünfzig Jahre durchgeführt wurden, zeigt sich eine klare Tendenz: »Je besser es den Menschen wirtschaftlich geht, desto eigenständiger und damit auch individualistischer sind sie.« Für Spitzer sind »eigenständig« und »individualistisch« nur andere Wörter für »einsam« – und damit stark krankheitsgefährdet. Einsamkeit hat nachgewiesenermaßen die höchste Mortalitätsrate, noch vor Rauchen, Alkohol, Bewegungsmangel und Übergewicht. Wer in einer versingularisierten Gesellschaft lebt, ist es nicht gewohnt, für politische Rechte zu kämpfen, unabhängig davon, ob man selbst davon einen Vorteil hätte oder nicht.

Die frühen Feministinnen haben für Teilhabe gekämpft: für die Teilhabe an Bildung, für die Teilhabe am Beruf und später um das Recht auf den eigenen Körper. Immer ging es um Grundwerte des Lebens. Heute kämpfen wir um #MeToo, das ist geradezu lächerlich angesichts der wirklich relevanten Forderungen, für die wir kämpfen könnten. Ob ein Filmproduzent in Hollywood Frauen eine Rolle nur gegen Beischlaf anbietet, interessiert hierzulande höchstens diejenigen, die auf Klatsch und Tratsch programmiert sind. Und auch Dieter-Wedel-Fälle sind trotz allem Einzelfälle, fürchterliche selbstredend, und jeder Einzelfall einer zu viel.

Warum kämpfen wir nicht um eine gleiche Rente? Arbeiten Mütter denn weniger als Väter? Warum kämpfen wir nicht um das Recht auf Wiedereinstieg, mit Teilzeitoption und Betreuungsgarantie? Warum kämpfen wir schlicht nicht um Geld, das uns im Alter absichert, ebenso wie es jetzt schon die Männer absichert? Weil Rente nach Kukident riecht? Weil Rente nicht medial verquotet werden kann? Weil Rente kein Grundrecht ist? Weil schlicht auch die, die vorgeben, für uns zu kämpfen, sich nur selbst inszenieren? Feminismus hat im Internet ebenso wie in der echten Welt zurzeit große mediale Aufmerksamkeit – und eine geringe reale Konsequenz.

Dazu ein einfaches Rechenbeispiel: Eine Frau, Norma, bekommt ein Monatseinkommen von, sagen wir mal, 2 800 Euro netto.[2] Wir lassen außer Acht, was ihr Ehemann verdient und in welcher Steuerklasse sie sind. Wir berücksichtigen nur ihren Nachwuchs: Paul und Marie. Das Mädchen kommt im Abstand von knapp drei Jahren nach ihrem Bruder auf die Welt. In dieser Zeit bezieht Norma Kindergeld, das sie wie üblich hauptsächlich in Essen, Windeln, Kleidung für die Kinder und einen Kita-Beitrag für Paul investiert. Als Marie mit drei Jahren ebenfalls in den Kindergarten geht, fängt Norma wieder an zu arbeiten. Sie hat in diesen ersten fünfeinhalb Jahren auf gut 185 000 Euro verzichtet. (5,5 Jahre × 12 Monate × 2 800 Euro Nettogehalt.)

Wenn Norma nun für zehn Jahre Teilzeit arbeitet – Marie ist dann 13 Jahre alt –, verzichtet sie noch einmal auf geschätzt: 10 Jahre × 12 Monate × 1 300 Euro = 156 000 Euro. (Dass sie nach diesen Teilzeitjahren kaum auf demselben Lohnniveau wie ihre kinderlosen Freundinnen arbeiten wird, ist zudem zu vermuten.)

Wenn Norma später Rente bezieht, verzichtet sie zum dritten Mal in ihrem Leben auf Geld, und zwar in Deutschland sehr abhängig vom jeweiligen Wohnort, ob Ost- oder Westdeutschland. Sagen wir, sie bekommt 450 Euro im Monat – eine Schätzung ausgehend von durchschnittlich 600 Euro Rente, die eine westdeutsche Frau, auch eine kinderlose, an Rente bezieht. Dann heißt das bei einer geschätzten Rentenbezugsdauer von 20 Jahren: 20 Jahre × 12 Monate × 450 Euro = 108 000 Euro. Ihr Mann erhält bei 1 200 Euro Durchschnittsrente 180 000 Euro mehr Rente als sie.

Summa summarum geht es hier um einen Gesamtbetrag von gut 521 000 Euro,[3] auf die eine Frau im Laufe ihres Lebens verzichtet beziehungsweise die der Staat (durch Kindergeld, Steuern et cetera) oder der Mann (durch seinen Verdienst) ausgleichen muss. Denn das Geld, das der Mann in dieser Zeit verdient, ist ja auch nicht ausschließlich seines, sondern er stellt es seiner Familie zur Verfügung. Trotzdem: *Er* stellt es *der Familie* zur Verfügung. Die Frau ist in Deutschland immer noch von der Altersarmut betroffen, wenn sie geschieden ist und Kinder hat.

Wenn man jetzt noch addiert, dass uns zwei Kinder im Schnitt 460 000 Euro (durch zwei verdienende Elternteile) kosten, bis sie auf eigenen Beinen stehen, dann platzen zwar hier Betriebswirte vor Vereinfachung – aber die insgesamt etwa 750 000 Euro bleiben trotzdem als Zahl: als Ungerechtigkeitszahl für Frauen. #MeToo 750 000 müsste der Aufschrei heißen.

Wer verheiratet bis zur Rente und darüber hinaus zusammenlebt, wird sich für diese Zahlenspielerei nicht sonderlich interessieren müssen, weil man als Paar beide Einkommen in einen Topf wirft. Aber alle anderen Mütter? Sollten es tun! Letztlich ist es egal, wie hoch die Summe de facto ist, letztlich ist es egal, ob kinderlose Frauen auch für Freizeitvergnügen Geld ausgeben müssten. Und es ist auch egal, dass man Liebe nicht in Geld umrechnen kann. Denn wenn die Kinder nicht gerade in der Trotzphase sind, werden die meisten von uns den Einkommensverzicht gern in Kauf nehmen. Aber irgendwann ziehen die Kinder aus, und dann sitzen wir Mütter zwar mit viel Mutterliebe da, aber mit ganz wenig Altersvorsorge.

Klar, wenn ein Mann in dieser Zeit Geld verdient, ist das nicht ausschließlich für ihn – er teilt es ja mit seiner Frau und mit seinen Kindern. Aber er kann entscheiden, ob er teilt und wie viel er überhaupt abgibt. Es geht im Leben natürlich nicht immer nur ums Geld – manche Dinge wie Kindererziehung sind auch ohne Bezahlung schön. Aber wenn man sich im Alter keinen Treppenlift einbauen lassen kann, weil man die 16 000 Euro, die dieser kostet, schlicht nicht hat und der Ehemann vor anderthalb Jahren gestorben ist: Wie viele Kinder kommen dann und sagen: »Mama, wir verzichten jetzt drei Jahre auf unseren Urlaub, und du baust dir das Ding ein, basta?« Kleine Kinder kann man ohne eigenes Geld erziehen, alt sein ohne eigenes Geld ist ziemlich scheiße. Und deswegen geht es nicht um #MeToo, es geht um 750 000 Euro. Es geht um unser Grundrecht, im Alter dasselbe Geld zur Verfügung zu haben wie die Männer.

Natürlich können wir es nicht von den Männern erwarten, dass sie freiwillig diese Privilegien aufgeben – würden wir ja vielleicht auch nicht machen. In einer groß angelegten Studie des Soziologen Martin Schröder kam die Wochenarbeitsstundenzahl heraus, mit der junge Väter am glücklichsten sind: fünfzig![4] Muss man deshalb ebenso wie die Quote gesetzlich festlegen, dass Männer sich ebenfalls Erziehungszeiten nehmen müssen? Nicht, damit sie das Glück der Kindertage erleben, und auch nicht, damit die ganze Familie im VW-Bus nach Südfrankreich donnert, sondern damit sich die Frau ein berufliches Standbein aufbauen kann, das sie im Fall einer Scheidung, eines Unglücks, eines Nicht-Rama-Schicksals auffängt?

Oder schieben wir damit der Politik den Schwarzen Peter zu und müssten stattdessen viel eher bei der standesamtlichen Trauung einen Aufklärungsbogen lesen: »Ich habe gelesen und zur Kenntnis genommen, auf wie viel Geld ich in meinem Leben verzichten werde, wenn ich mich zu diesem oder jenem Familienmodell entschließen sollte?« Für jede Fußnagel-OP muss ich heute einen Aufklärungsbogen unterschreiben, warum nicht für die Ehe? Warum rechnet niemand aus, welche Nachteile eine Frau aufgrund des Ehegattensplittings hat, wie viel sie das wirklich kostet, sodass Finanzexperten längst fordern, dieses veraltete Modell abzuschaffen.[5]

Aber natürlich sind strukturelle Probleme nicht von Einzelnen allein zu lösen. Es gilt vielmehr, ein paar generelle Forderungen zu erheben, um die Situation von Müttern dauerhaft zu verbessern:

- *Die Angebote zur Kinderbetreuung müssen besonders in strukturschwachen Gegenden ausgebaut werden.* Denn in den großen Städten finden sich viel leichter Leihomas, Mütternetzwerke, Betreuungsmöglichkeiten – während anderswo die Mütter sich schneller genötigt sehen, für das Wohl ihrer Kinder zu Hause zu bleiben, nicht zu arbeiten und damit auf Geld zu verzichten – obwohl sie eigentlich anderes wollen. Gerade in Süddeutschland, in Teilen von Ostdeutschland ist die Betreuungssituation so katastrophal, dass Frauen gar nicht anders können, als zu Hause zu bleiben. Oder sie müssen sich kreativ zusammentun, um eine Betreuungslösung per Tagesmutter zu finden.

- *Das Ehegatten-Splitting muss abgeschafft oder zumindest zeitlich begrenzt werden.* Klar profitieren junge Familien davon – oder präziser formuliert: Es profitiert der besserverdienende Teil dieser jungen Familien. Und wer ist das meist? Na klar, der Mann. Doch der Anreiz für Frauen, wieder mehr zu arbeiten, wird mit diesem Modell geradezu ad absurdum geführt. Bei so sensationell günstigen Steuerersparnissen muss man schon sehr gerne arbeiten wollen.
- *Es sollte ein einkommensabhängiges Elterngeld geben.* Das zumindest wäre die Vorvorvorstufe zu einem bedingungslosen Grundeinkommen.

Warum wird diese Forderung nach einer Gleichstellung von Frauen bei der Rente in der Öffentlichkeit kaum diskutiert, warum ist sie in den Medien so unterrepräsentiert? Tatsächlich lautet die Antwort: Weil junge Frauen sich nicht mit Rente beschäftigen. Und Frauen, die zum ersten Mal ahnen, dass dieses Problem sie betreffen könnte, haben schlicht keine Kraft und keine Stimme mehr, für ihre Rechte auf die Straße zu gehen. Sagen Sie mal einer dreifachen Mutter, die nachts zweimal aufgeweckt wird, morgens mal schnell zum Arzt muss, dann ein Kind vom Kindergarten wieder abholen soll (»Der Felix hat eine ganz schlimme Bindehautentzündung!«) und mittags die beiden anderen Kinder motiviert, dass es Kartoffelbrei und nicht Haribo gibt: »So, und wo bleiben deine politischen Ambitionen?«

Ich habe mich immer gefragt, warum Alice Schwarzer nur noch in so unterkomplexen Deutschland-testet-sein-Grundschulwissen-Shows auftritt. Ist sie für einen inhaltlichen Dialog zu alt, oder leben wir in einer Gesellschaft, die an inhaltlichen Dialogen kein Interesse mehr hat? Wenn man bei der Online-Ausgabe der Zeitschrift *Emma* den Begriff »Mütterrente« in die Suchmaske eingibt, kommen jedenfalls genau fünf Artikel heraus, alle geschrieben zwischen 2013 und 2014. Die Frauenrechtsbewegung Pinkstinks hat auf ihrer Homepage sechs verschiedene Projekte vorgestellt: von Petitionen für gendergerechte Sprache bis zur Brandmarkung von Heidi Klums Supermodels – von Rente steht da nirgendwo etwas. Der populäre Blog *Mama arbeitet* behandelt Rente, aber als zynischen Zwischenruf, so nach dem Motto: Armut kostet den Menschen elf Jahre Lebenszeit, juhu, dann bin ich als Alleinerziehende nicht so lange arm. Und gibt man bei Google »Rente« und »Mütter« ein, wird als Erstes auf die veränderte Gesetzesvorlage verwiesen, die Frauen einen Rentenpunkt mehr schenkt – in Worten: einen!

Während meiner Kindheit war der Begriff »Paragraf 218« ein feststehender Begriff: für das Recht auf den eigenen Körper zu kämpfen. Haben sich damals auch mehr Männer für dieses Thema stark gemacht, weil sie zweifellos auch von einem Recht auf Abtreibung profitierten? Sind sie bei dem Thema Mütterrente heute deswegen so still, weil es um 450 000 Euro geht, die sie verdienen – und die Frau nicht?

Es gibt den 1. Mai, den Tag der Arbeit. Warum gehen wir Mütter an diesem Tag nicht geschlossen auf die Straßen und streiten für dieselben Geldrechte, wie sie Männer haben? Für uns, für unsere Eltern- und Töchtergeneration? Für 450 000 Euro mehr Geld? Passt es vielleicht nicht, weil gerade *GNTM* läuft? Weil die Kinder Mittelohrentzündungen oder Schreianfälle haben? Weil wir glauben, es sei ein lächerliches Anliegen, dafür auf die Straße zu gehen? Weil wir uns dann so gestrig fühlen, so lange nach Petra Kelly und Jutta Ditfurth? Oder weil wir noch nicht wissen, welche Lawine da auf uns zurollt?

Die »Generation betroffen«, die, die massiv unter der Rentenungerechtigkeit leiden wird, wächst gerade erst heran: Darunter fallen alle Geschiedenen, alle Verwitweten, alle Nichtverheirateten, alle Weggezogenen, die ihre Familie nicht vor Ort wohnen haben, die einen Teil der Pflege oder schlicht täglichen Versorgung mitübernehmen könnten, sowie alle Frauen, die deutlich älter als ihr Mann werden.[6] Nur werden diese Frauen keine Möglichkeit mehr haben, laut zu werden. Sie werden keine Kraft mehr haben, keine Ressourcen und kein Publikum.

Oder wie es die amerikanische Wirtschaftsjournalistin Ann Crittenden zusammenfasst: Frauen sind inzwischen emanzipiert, Mütter noch nicht.

LITERATUR UND FILME

Bücher

Arendt, Hannah: *Vita activa*, Piper, 2016.
Badinter, Elisabeth: *Die Wiederentdeckung der Gleichheit*, Ullstein, 2004.
Beck, Ulrich: *Risikogesellschaft*, Suhrkamp, 1986.
Beck, Ulrich: *Schöne neue Arbeitswelt*, Suhrkamp, 2007.
Bell, Quentin: *Virginia Woolf*, Suhrkamp, 1982.
Bilgri, Anselm: *Von Glück der Muße*, Piper, 2014.
Bierach, Barbara: *Das dämliche Geschlecht*, Piper, 2004.
Bittl, Monika: *Alleinerziehend mit Mann*, 2005, Knaur, 2005.
Boothe, Brigitte (Hg): *Wenn doch nur, ach, hätt ich bloß*, Rüffer & Rub, 2013.
Bourdieu, Pierre: *Die männliche Herrschaft*, Suhrkamp, 2017.
Breitenfellner, Kirstin: *Wir Opfer*, Diederichs, 2013.
Brinkmann, Svend: *Pfeif drauf!*, Knaur, 2014.
Brownmiller, Susan: *Weiblichkeit*, Fischer, 2017.
Bruns, Catharina: *Work is not a job*, Campus, 2012.
Bucher, Gina: *Der Fehler, der mein Leben veränderte*, Piper, 2018.
Butler, Judith: *Das Unbehagen der Geschlechter*, Suhrkamp, 1991.
Cain, Susan: *Still*, Goldmann, 2013.
Clark, Tim; Osterwalder, Alexander; Pigneur, Yves: *Business Modell You*, Campus, 2012.
Corino, Eva: *Das Nacheinander-Prinzip*. Suhrkamp 2018.
Dahlén, Michael: *Nextopia*, Campus, 2013.
de Botton, Alain: *Trost der Philosophie*, Fischer, 2002.
de Botton, Alain: *StatusAngst*, Fischer, 2004.
de Botton, Alain: *Freuden und Mühen der Arbeit*, Fischer, 2012.
Dobelli, Rolf: *Wer bin ich?*, Diogenes, 2007.

Dobelli, Rolf: *Die Kunst des guten Lebens*, Piper, 2018.
Elias, Norbert: *Über die Einsamkeit der Sterbenden*, Suhrkamp, 1982.
Elias, Norbert: *Über den Prozess der Zivilisation*, Suhrkamp, 1997.
Fensterheim, Herbert; Baer, Jean: *Sag nicht ja, wenn du nein sagen willst*, Goldmann, 1977.
Fischer-Epe, Maren; Epe, Claus: *Selbstcoaching*, Rowohlt, 2010.
Friedan, Betty: *Der Weiblichkeitswahn oder die Selbstbefreiung der Frau*, Rowohlt, 1970.
Friedrichs, Julia. *Wir Erben*, Berlin, 2015.
Funken, Christiane: *Sheconomy*, C. Bertelsmann, 2016.
Garsoffky, Susanne; Sembach, Britta: *Die Alles ist möglich-Lüge*. Pantheon, 2014.
Gaschke, Susanne: *Die Emanzipationsfalle*, C. Bertelsmann, 2005.
Gleichauf, Ingeborg: *Ich will verstehen*, DTV, 2005.
Goffman, Erving: *Wir alle spielen Theater*, Piper, 2017.
Goleman, Daniel: *Konzentriert Euch!*, Piper, 2015.
Haefs, Gabriele: *Von Sittenstrenge und Aufbegehren*, Kabel, 1994.
Hobbes, Thomas: *Leviathan*, Suhrkamp, 1999.
Illich, Ivan: *Genus*, Rowohlt, 1995.
Jakait, Janice: *Freut euch nicht zu spät*, Europa, 2016.
Johnstone, Keith: *Theaterspiele*, Alexander, 2011.
Johnstone, Keith: *Improvisation*, Alexander, 2015.
Kastner, Michael: *Die Zukunft der Work Life Balance*, Asanger, 2009.
Kindl-Beilfuß, Carmen: *Fragen können wie Küsse schmecken*, Carl Auer, 2011.
Kitz, Volker; Tusch, Manuel: *Ich will so werden, wie ich bin*, Campus, 2010.
Knaths, Marion: *Spiele mit der Macht*, Piper, 2005.
Kommer, Gerd: Souverän *Investieren*, Campus, 2018.
Kullmann, Katja: *Generation Ally*, Fischer, 2003.
Krznaric, Roman: *Wie man die richtige Arbeit für sich findet*, Kailash, 2012.
Kumbier, Dagmar (Hg): *Sie sagt, er sagt*, Rowohlt, 2006.
Laloux, Frederic: *Reinventing Organizations*, Vahlen, 2016.
Lauterbach, Ute: *Lässig scheitern*, Kösel, 2008.
Lindbergh, Anne Morrow: *Muscheln in meiner Hand*, Piper, 1967.
Maier, Corinne: *Die Entdeckung der Faulheit*, Kösel, 2005.
McRobbie, Angela: *Top Girls*, Springer, 2016.
Mallinger, Allan E.: *Keiner ist perfekt*, Oesch, 2003.

Michéa, Jean-Claude: *Das Reich des kleineren Übels*, Matthes & Seitz, 2015.
Miller, Alice: *Evas Erwachen*, Suhrkamp, 2004.
Miller, William R.: *Motivierende Gesprächsführung*, Lambertus, 2015.
Opitz, Mareike: *Ene, meine, Miste, Mutti schreibt 'ne Liste*, Rowohlt, 2017.
Pfaller, Robert: *Erwachsenensprache*, Fischer, 2017.
Penny, Laurie: *Unsagbare Dinge*, Edition Nautilus, 2014.
Pigliucci, Massimo: *Die Weisheit der Stoiker*, Piper, 2018.
Pohlmann, Isabell: *Finanzplaner Frauen*, Stiftung Warentest, 2018.
Porsch, Katja; Brandl, Peter: *Zukunfts-Code*, Goldegg, 2018.
Precht, Richard David: *Jäger, Hirten, Kritiker*, Goldmann, 2018.
Radatz, Sonja: *Einführung in das systemische Coaching*, Carl Auer, 2010.
Reinhard, Rebekka: *Odysseus oder Die Kunst des Irrens*, Ludwig, 2010.
Rickens, Christian: *Die neuen Spießer*, Ullstein, 2006.
Riemann: *Grundformen der Angst*, Reinhardt, 1999.
Rosa, Hartmut: *Resonanz*, Suhrkamp, 2016.
Rubin, Harriet: *Machiavelli für Frauen*, Fischer, 2000.
Ruthe, Reinhold: *Die Perfektionismus-Falle*, Brendow, 2003.
Sandberg, Sheryl: *Lean In*, Econ, 2013.
Sandberg, Sheryl: *Option B*, Ullstein, 2017.
Slaughter, Anne-Marie: »Why woman still can't have it all«, The Atlantic, Juli/ August 2012.
Schmidbauer, Wolfgang: *Partnerschaft und Babykrise*, Random House, 2012.
Schmidbauer, Wolfgang: *Kassandras Schleier*, Orell Füssli, 2013.
Schmidbauer, Wolfgang: *Coaching in der Liebe*, Herder, 2015.
Schranner, Matthias: *Verhandeln mit Erfolg*, Zeit Akademie, 2016.
Schulz von Thun, Friedemann: *Miteinander reden 1*, Rowohlt, 2010.
Schulz von Thun, Friedemann: *Miteinander reden 2*, Rowohlt, 2010.
Schulz von Thun, Friedemann: *Miteinander reden 3*, Rowohlt, 2013.
Schulz von Thun, Friedemann, Stegemann, Wibke (Hg): *Das Innere Team in Aktion*, Rowohlt, 2006.
Schwanitz, Dietrich: *Männer*, Eichborn, 2001.
Schwarz, Gerhard: *Heilige Ordnung der Männer*, Verlag für Sozialwissenschaften, 2005.
Schwemmler, Kristin: *Auf dem Boden der Tatsachen*, BoD, 2014.
Spitzer, Manfred: *Einsamkeit*, Droemer, 2018.
Sutton, Robert I.: *Der Querdenker-Faktor*, Piper, 2018.
Tazi-Preve, Mariam: *Das Versagen der Kleinfamilie*, Budrich, 2017.

Turner, Ari: *Kann mir bitte jemand das Wasser reichen?*, Piper, 2018.
Vašek, Thomas: *Work-Life-Bullshit*, Riemann, 2013.
Veblen, Thorstein: *Theorie der feinen Leute*, Fischer, 2011.
Vinken, Barbara: *Die deutsche Mutter*, Fischer, 2007.
Von Dülmen (Hg), Andrea: *Frauen*, Beck, 1990.
von Mangoldt, Ursula: *Leben aus eigener Kraft*, Herder, 1980.
Walter, Natasha: *Living Dolls*, Fischer, 2012.
Wardetzki, Bärbel: *Weiblicher Narzissmus*, Kösel, 2008.
Watzlawick, Paul: *Vom Unsinn des Sinns oder Vom Sinn des Unsinns*, Piper, 2005.
Wetzler, Harald: *Wir sind die Mehrheit*, Fischer, 2017.
Wündrich, Bettina: *Einsame Spitze?*, Rowohlt, 2011.

Filme

Farrelly, Frank: *Einführung in die Provokative Therapie*. Auditorium, 2010.
Die stille Revolution, 2016.
Work Hard – Play Hard, 2011.

DANKSAGUNG

Ich danke:

M., meinem Mann. Für viel mehr als du dir vorstellen kannst. Und für deine Unerschütterlichkeit. Alles darfst du vergessen, nur das nicht!

Markus Karsten, Verleger, und Michael Schickerling, Lektor. Beide haben sich mit ganzer Kraft in ein für sie fachfremdes Terrain – Dinkelkeksbackwettbewerbe – begeben. Und sie haben mir das Vorschussvertrauen geschenkt, Dinkelkeksbacken soziologisch betrachten zu können. Merci bien. An alle künftigen Autoren: Diese kleinen, feinen Verlage sind die besten!

Miriam Collée, die vor sieben Jahren verrückt genug war, mit mir i.do zu gründen,

Sebastian Schlösser, Frauke Meyer, Annick Eimer und Line Hansen, die noch verrückter sind, weiterzumachen. Ohne euch stünde nicht eine Zeile hier.

Ich danke meiner Mutter, die mir als Kind die Regel beigebracht hat: »Im Sitzen verliert die Arbeit ihren Charakter.« Das Buch ist trotzdem überwiegend im Sitzen entstanden, und auch sonst ignoriere ich manches, was sie predigte. Zum Beispiel: »Romane lesen nur Dienstmädchen.« Und »Milch macht die schlimmsten Flecken.«

Ich danke Elisabeth Hüllstrung, Familie Pape, Familie Menge, Zoe, Samuel, Merabi und Samson, die mir den Rücken freigehalten haben, so viel, dass der Platz dahinter eine eigene Postleitzahl verdiente.

Ich danke Manja und Barbara. Beide neigen nicht dazu, öffentlich über sich lesen zu wollen. So sieht Rache aus.

Es gibt viele Journalisten, Kollegen, Freunde, bei denen ich in der Schuld stehe. Es nimmt stündlich zu, fürchte ich, und ich weiß mir nicht hilfloser zu helfen, als sie hier zu nennen. Es ist das Mindeste!

Ich danke: Sabine Laerum und Christoph Eisenring, Dorthe Hansen, Siegrid Neudecker, Thomas Vasek und Rebekka Reinhard, Michaela Streimelweger, Jens Bergmann, Andrea Huss, Andrea Hacke, Sandra Schultz, Josef Seitz, Detlef Hacke, Stefan Niggemeier, Irmi Nille, Marianne Moosherr, Katharina von Salm, Claudia Greiner-Zwarg, Anke Willers, Anne Otto, Christoph Fasel, Peer Schader, Werner Brandl, Katharina Middendorf, Susanne Eckes, Franziska von Papen, Geraldine Friedrich, Familie Schneider und Thomas Busch. Und Ingrid Scheithauer: Mit ihr hat alles angefangen.

Ich widme dieses Buch meinen drei Kindern Oskar, Anton und Lulu, denen ich versprochen habe, dass sie irgendwo in diesem Buch vorkommen, und denen ich wünsche, dass sie eines Tages so gern arbeiten wie ich. Und: Mit Arbeit meine ich nicht Zimmeraufräumen, Tischabdecken, Hund ausführen.

Und Matthias? Bevor du es vergisst: Wir! Jeden Tag mehr …

ANMERKUNGEN

Warum mache ich das bloß?
1 Im Rhetorikstudium haben wir diese Argumentation Rabulistik genannt. Schon in der Antike haben Philosophen die falsche Schlussfolgerung eindrucksvoll mit einem Beispiel beschrieben: »Eine Katze hat immer einen Schwanz mehr als keine Katze. Keine Katze hat zwei Schwänze. Deshalb hat eine Katze immer drei Schwänze.«
2 Ich zitiere hier aus den Forschungsergebnissen, die Sheryl Sandberg in ihrem Buch *Lean In* zusammengetragen hat.
3 Siehe Sheryl Sandberg, *Lean In*, S. 190 ff.
4 Siehe »Was ist bloß mit den Vätern los?«, *Zeit*, 26/2018, S. 60.

Das böse F-Wort
1 Wörtlich: eigentümlich scharfer Geruch, den das Fleisch vom Wild nach dem Abhängen annimmt.
2 Siehe »7 Klischees über Feministinnen«, *Emma*, 1.11.2001, https://www.emma.de/artikel/sieben-klischees-ueber-feministinnen-was-sie-immer-schon-mal-wissen-wollten-265216.
3 Es gibt Wissenschaftlerinnen wie Barbara Vinken, die sprechen Frauen in dieser Epoche übermäßigen Emanzipationsgeist eher ab: »Die Frauenbewegung zu Anfang des 20. Jahrhunderts zeichnete sich in Deutschland nicht wie in anderen europäischen Ländern hauptsächlich durch den Kampf um gleiche Bürgerrechte aus«, schrieb sie in dem Buch *Die deutsche Mutter*. Die Beziehung zwischen Mutter und Kind rücke zur »wahren Beziehung des Herzens, zur innigsten Liebesbeziehung« auf.
4 Nein, das schreibt man vornehmer: Sie war die Ehefrau des Komponisten Gustav Mahler, des Architekten Walter Gropius und des Dichters Franz Werfel sowie die Geliebte des Malers Oskar Kokoschka.
5 Wolf Lotter, »Wie gerecht ist eigentlich Gleichheit?«, *Brand eins* 11/2017.
6 Betty Friedan: *Der Weiblichkeitswahn oder die Selbstbefreiung der Frau*. Dieses Buch ist ein Klassiker, ein lesbarer dazu.
7 1974 trat das Gesetz zur Fristenlösung, 1976 das Gesetz zur Indikationsregelung beim Schwangerschaftsabbruch, 1979 das Gesetz zur Einführung des Mutterschutzes und 1986 das Gesetz zum Bundeserziehungsgeld in Kraft.
8 Hannah Ahrendt: *Vita activa*.
9 Siehe zum Beispiel http://www.spiegel.de/auto/aktuell/gm-elektroauto-entwickler-das-ist-keine-evolution-sondern-eine-revolution-a-557457.html.

10 Laurie Penny: *Unsagbare Dinge*.
11 »In der #MeToo-Debatte herrscht Vergeltungslogik«, *Spiegel* 27/2018.
12 Wohl aber gibt es Frauen, die langweilig sind. Es gibt ganz und gar faszinierende Formen von Langeweile: Konformität, Feigheit, Introvertiertheit. Man muss die Langeweile entbeinen, erst dann dringt man zum Kern vor. Und das kann eine ganz und gar aufregende Sache sein.

Fünf Frauen auf der Suche
1 Unter anderem Ann Bettencourt, »Evaluations of Ingroup and Outgroup Members: The Role of Category-Based Expectancy Violation«, *Journal of Experimental Social Psychology* 3/1997, S. 244–275.
2 Melissa Clearfield und Nelson Naree haben unter anderem herausgefunden, dass Eltern mit ihren Töchtern dialogischer, unterstützender und komplexer reden als mit den Söhnen. Die Folge: Männliche Krabbelkinder dürfen früher auf eigene Faust ihren Radius erweitern, Töchtern drückt man früher ein Spielzeug zur Ablenkung ihres Eroberungsdrangs in die Hand.
3 Bert Hellinger ist ein nicht unumstrittener Familienaufsteller, der in den achtziger Jahren durch seine großen Bühnenauftritte eine gewisse Bekanntheit in esoterisch-psychologischen Kreisen gewann. Umstritten ist er wegen seiner radikalen Ansichten. So fordert er Klientinnen schon mal auf, sich bei ihrem Vergewaltiger zu bedanken oder der misshandelnden Stiefmutter die »Ehre zu erweisen«. Was er aber zweifellos geschärft hat, ist das Bewusstsein für Familiengeschichten, die älter und verwobener als wir selbst sind. Auch diese Erkenntnis kann entlastend sein. Dass bei Familienaufstellungen sektenartig im Kollektiv geheult wird, muss man aushalten lernen. Ich kann das nicht.
4 Thorstein Veblen: *Theorie der feinen Leute*, S. 62.
5 Das haben allerdings meine Oma und meine Mutter auch noch getan. Das Brot wurde vom Körper weg geschnitten, was meinen Vater stets einigermaßen nervös machte.
6 Illich, Ivan: Genus. *Zu einer historischen Kritik der Gleichheit*.
7 Lassen Sie sich diese Frage einmal 20 Minuten hintereinander von einer Freundin stellen, und protokollieren Sie die Antworten mit. 20 Minuten, immer dieselbe Frage: Was ist für Sie Arbeit, was ist für Sie Arbeit? Diese Übung macht aggressiv, ungeduldig, sie provoziert. Aber sie bringt auch mitunter Überraschendes zutage: Antwortet man nur in Worthülsen? Nur mit negativen Begriffen? Nur mit romantischen Vorstellungen? Wir machen diese Übung oft – und noch nie hatte diese Übung keine Bedeutung für das, was wir hinterher gefunden haben.
8 Und sie empfiehlt auch gleich einen guten Text dazu: https://de.euronews.com/2018/02/23/islands-rezept-fuer-mehr-gleichberechtigung.
9 Dieser schöne Begriff stammt leider nicht von mir, sondern von Peter Sloterdijk. Ich habe mich aber jetzt schon drei Jahre darauf gefreut, diesen Ausdruck irgendwo unterzubringen – hierhin passt er perfekt.
10 »Im Gesetz steht von Liebe kein Wort«, *Süddeutsche Zeitung Magazin* 6/2016.
11 Im Jahr 2015 gab es in deutschen Haushalten 2,8 Millionen nichteheliche Lebensgemeinschaften, siehe https://www.welt.de/newsticker/news1/article165487615/Immer-mehr-unverheiratete-Paare-in-Deutschland.html.
12 *Spiegel*, 41a/2018.
13 Name geändert
14 DINK steht für »Double Income, no Kids«.
15 Ich zitiere Schumacher aus dem Buch von Roman Krznaric: *Wie man die richtige Arbeit für sich findet*.

16 Nur der Vollständigkeit halber: Die beiden letzten Milieus sind bei Schulze das sogenannte Integrationsmilieu, das sind ältere, mittelgebildete Anpassungsprofis, sowie das Harmoniemilieu: also Tony-Marshall-Liebhaber, die kranichbestickte Halbgardinen in der Küche hängen haben.
17 Es gibt sogar Stimmen, die behaupten, in dreißig Jahren würde die Themenauswahl einer Zeitschrift ein Algorithmus treffen, weil er zielgruppengenauer die Bedürfnisse der Leserschaft kennt.
18 Volker Kitz: *Feierabend!: Warum man für seinen Job nicht brennen muss*.
19 Die Zahlen schwanken stark. Wikipedia nennt 300 000 als verbindliche Zahl, das Deutschlandradio will 50 000 ermittelt haben.
20 Siehe https://de.statista.com/statistik/daten/studie/411055/umfrage/anzahl-der-aktiven-verkaeufer-von-etsy.
21 Fritz Riemann, *Grundformen der Angst*, S. 239 f.
22 Siehe »Auslaufmodell Superfrau«, *Zeit*, 27.7.2018
23 »Eigentlich müsste ich von Dominanz und Unterwerfung sprechen, doch dann würde Widerstand aufkommen«, schreibt er in seinem Buch *Improvisation*.
24 Barbara Vinken: *Die deutsche Mutter*, S. 30.
25 Mein Mann würde an dieser Stelle grinsen und sagen: »Gesundheit ist ein Mangel an Diagnostik.«
26 Das ist so, als würde man über Helikoptermütter lästern, und übersieht dabei, dass jede von uns selber eine ist, nur immer auf unterschiedlichen Gebieten. Und was, bitte, ist das Gegenteil: Vernachlässigung!
27 Das hat Jürgen Fliege seinerzeit eingeführt. »Passen Sie gut auf sich auf«, das ist medial oft kopiert und variiert worden. Nina Ruge sagte beispielsweise immer: »Alles wird gut.« Heute gehören solche Abschiedsformeln zum Stundenabschluss wie die Klangschale und der Stuhlkreis.
28 Siehe https://www.zukunftsinstitut.de/artikel/achtsamkeit.
29 Sibylle Berg: »Das Zeitalter des Bullshits«, *Spiegel online*, 30.8.2014.
30 Laurie Penny: *Unsagbare Dinge*, S. 57.
31 Miriam Meckel: *Briefe an mein Leben*.
32 Janice Jakait: *Freut euch nicht zu spät*.
33 Siehe www.mama-arbeitet.de.
34 Siehe: »Umgang mit Depressionen. Arbeit kann helfen«, *Hilfe!* 3, 2014, https://www.brandeins.de/corporate-publishing/hilfe/hilfe-ein-leben-lang/arbeit-kann-helfen.
35 Siehe https://www.zeit.de/2017/39/alexandra-von-rehlingen-geld.
36 Weitere Inspirationen gibt es unter www.50things.org.uk oder www.hausbartleby.org.
37 MINT steht für »Mathematik, Informatik, Naturwissenschaft und Technik«.
38 *(Solo)-Selbstständigkeit als gleichstellungspolitische Herausforderung. Expertise für den Zweiten Gleichstellungsbericht der Bundesregierung*, S. 8.
39 Sheryl Sandberg: *Lean In*.
40 Die Philosophin Rebekka Reinhard schreibt auf ihrer Webseite dazu: »Die nonverbale Botschaft ihres sexy Outfits und ihrer Mörder-Stilettos ist auf verwirrende Weise ambivalent. Sie lautet einerseits: ›Hey Mädels, ihr alle könnt sein wie ich – eine *stylishe* Top-Managerin mit warmen Mutterinstinkten!‹ und andererseits: ›Hey Girls, ich bin ganz klar besser, schneller, heißer als ihr – also legt gefälligst noch einen Zahn zu!‹«
41 Wer wissen möchte, ob sie auch als Super-Prognostikerin geeignet ist, kann sich hier registrieren lassen und testen: www.gjopen.com.
42 »Super-Prognostiker«, www.zukunftsinstitut.de/artikel/gibt-es-menschen-die-zukunft-besser-voraussagen-koennen.

Job-Profiling für ein besseres Leben

1. Immanuel Kant: *Schriften zur Anthropologie, Geschichtsphilosophie, Politik und Pädagogik*, 1964. Hier zitiert aus Thomas Vasek: *Work-Life-Bullshit*, 2013.
2. Siehe https://www.schulz-von-thun.de/die-modelle/das-kommunikationsquadrat.
3. Für alle Nicht-Fußball-Fans: Diesen legendären Satz ließ der damalige Trainer des 1. FC Bayern, Trapattoni auf einer ebenfalls legendären Pressekonferenz fallen, neben Bonmots wie »Flasche leer« und »Ich habe fertig«.
4. Alle gedoppelten Antworten fehlen.
5. Ja, und ich weiß, das hier ist das x-te Buch zu dieser Frage – und hoffentlich eines, das weniger Druck macht.
6. https://www.youtube.com/watch?v=mCfVGIfMq4k.
7. Siehe https://www.ichkoche.at/radieschen-maeuse-rezept-224588.
8. Siehe https://www.zeit.de/2017/05/lebensberatung-ausbildung-unternehmensberatung-personalberatung-coach.
9. Gehen wir davon aus, dass eine solide Coaching-Ausbildung 10 000 Euro kostet und eine Teilzeit arbeitende Mutter ein Monatseinkommen von 1 500 Euro brutto hat. Das sind im Jahr 18 000 – laut der Auskunft gehen davon 1 800 Euro auf Coaching-Kompetenzen zurück. Also braucht sie fünf Jahre, um die Ausbildung abzuzahlen.
10. Täter-Opfer-Ausgleich (TOA): eine Art Mediationsverfahren, in denen die Opfer lernen sollen, dass Täter nicht eine diffuse Bedrohung sind, sondern singuläre Personen, und Täter lernen sollen, welche Konsequenz ihre Straftat noch lange nach der Straftat hat.
11. https://www.zeit.de/2018/52/lebenssinn-erklaerung-kinder-erwachsenwerden.
12. Siehe: https://www.zeit.de/2019/01/sinn-leben-suche-sinnkrise-depression-psychologie-zufriedenheit.
13. Hier eine kleine Auswahl, ohne Sinn und Verstand: https://www.heimwegtelefon.de, http://www.arbeiterkind.de, https://www.wheelmap.org, https://www.tatendrang.de, https://www.gefangene-helfen-jugendlichen.de/lust-auf-ehrenamtliches-engagement, www.ehrenamt-deutschland.org, http://www.ehrenamtssuche.de.
14. Siehe https://www.brigitte.de/aktuell/job/heidi-klum--diesen-job-wuerden-wir-ihr-als-naechstes-empfehlen--10938870.html.
15. Siehe http://www.ioeb.de/sites/default/files/img/Aktuelles/120814_Arbeitspapier_Finanzielle_Allgemeinbildung_Downloadversion.pdf.
16. Frederic Laloux: *Reinventing Organizations*.
17. Siehe https://blog.tagesanzeiger.ch/berufung/index.php/34999/34999.
18. Siehe https://zrm.ch.

Mütter, wehrt euch!

1. Siehe https://sz-magazin.sueddeutsche.de/charlotte-roche-jetzt-koennte-es-kurz-wehtun-lasst-euch-nicht-zu-hausfrauen-machen-85833.
2. Das entspricht Pi mal Daumen dem deutschen Durchschnittseinkommen plus 200 Euro. Aber Achtung: Es entspricht nicht dem Median-Einkommen, das heißt dem gemittelten Einkommen.
3. 185 000 Euro + 156 000 Euro + 180 000 Euro = 521 000 Euro.
4. Bei Frauen waren es dreißig.
5. Siehe https://www.sueddeutsche.de/politik/finanzministerium-experten-fuer-abschaffung-des-ehegattensplittings-1.4148754.
6. Männer sterben statistisch gesehen acht Jahre früher als Frauen.

letzter Zugriff auf Internetquellen am 24. Januar 2019